办学理念策划十讲

大夏书系·学校领导力

沈曙虹 著

华东师范大学出版社

全国百佳图书出版单位

目 录

CONTENTS

序

将“学校文化”提升到“战略策划”的层面上思考

尽管信息技术和人工智能日益升腾的喧嚣与强势，似乎让传统学校“摇摇欲坠”，大有要变为“学习中心”的趋势，但只要“教育”在，各种实体和非实体的教育机构就不会消失，无论它被赋予什么样的名称。因此，如何办学，依然是当下及未来学校教育者、管理者绕不过去的话题。

办学，离不开“文化”和“学校文化”，文化的力量无时无处不在。特别是“学校”与“文化”的关系，一向天然存在，且水乳交融——“无文化，不学校”；“无学校，不文化”。然而，“学校文化”（或者，另一个被严重窄化的概念——“校园文化”）早已是一个被反复研磨，以至于几乎被磨烂或嚼烂的概念，很可能沦为人们“熟视无睹”、“麻木不仁”的存在。

如何谈出新意，或者说，谈出些“原创”的味道，沈曙虹先生的新作作出了独具个性的回答。

在众多讨论“办学”和“学校文化”的著述中，既有理论深度见长者，也不乏实践经验丰富者，而这些特质本书作者兼有。例如，“主持或指导200多所学校策划了文化战略”这一经验积累，就非常人所及。不过，这都不是触动我的核心所在。

我所关心的是，在相关选题的书林之中，本书的原创性贡献何在？这是作为一介书生之于我的习惯性尺度。进入自媒体时代之后，个人的思想和观点有太多渠道得以喷涌而出，凝聚成蔚为大观的精神产品，时常给我以眩晕之感，但我仍然试图艰难地保持一份清醒和自觉：重要的不再是书出版了没有，论文发表了没有，而是它改变了什么，贡献了什么，能够被阅读、关注和流传多长时间，如何避免“出生即死亡”、“产生即湮没”，还有“出现就被替代”、“露面就被覆盖”的命运。对己、对人，我均是如此冷静审视。

所以，唯一打动我的只能是“原创性的贡献”。这恰恰是作者的着力之处。他的“原创自觉”是鲜明的：“研究之初我就给自己定下了首创 + 原创的目标，致力于开宗立派，致力于创建学校文化战略策划的理论体系，致力于树立全国学校文化建设的典型标杆。”书中列举了诸多原创点，诸如，在全国首提“学校文化力”概念，率先提出以“核心理念”作为学校指导教育教学与管理服务活动的最高哲学与价值标准，完整建构并系统论述了学校文化战略模型，创制了一整套学校文化调研、诊断、策划、评价工具等等。

如果以我的视角观之，以上原创点有一共同之处，那就是都属于在“战略层面”上的思考与实践。这点从书中反复提及的关键词“战略策划”可窥其一二。在学校教育领域，各种有关“策划”、“学校策划”、“教育策划”的论述洋洋大观，但很少将“策划”与“战略”联系在一起，将“战略策划”与“学校文化”勾连在一起的更是缺失。

在我看来，这就是本书的独特价值，也是其原创产生的源头：以“战略眼光”重新审视和推进“学校文化”建设，将“学校文化”的思考与实践，从技术层面、实践层面提升到了战略层面，进而生成了新的探究学校文化的思考方式。

什么样的思考层面才是“战略层面”？何种眼光才是“战略眼光”？具体到“学校文化”这一特定领域和问题，本书的战略眼光的核心要义在于：不是一开始就直接落到技术、操作和方法层面，而是先形成一个整体性的战略框架，其要点和特性有三：其一，抓概念，即“学校文化战略策划”和“学校文化力”这两大概念，以“概念化”的方式，通过抽象概念及其背后的价值观和价值链，来笼罩、统领碎片化的操作方法；其二，抓体系，使学校的理念体系、行为体系、环境体系形成一条由核心理念贯穿的、完整的“体系群”，以“体系化”的方式让同样可能碎片化的理念、行为、环境等走向结构化、整体化；其三，抓模型，从制度、策略、流程三个层面建构了学校办学行为及其策划的学校文化模型。这种来自经济学界、企业界的模型意识，通过“学校文化”这一载体不仅实现了“还魂再生”，而且促成了“创造性的转化”。正是有了如上“概念图”、“体系图”、“模型图”作为战略引领，才有了在学校实施文化行动的“路线图”、“施工图”和“效果图”。

还不止于此，更让我惊异的是，本书之于办学和学校文化的战略眼光，还表现在“放大思考格局，把它置于全球的和时代的大坐标当中论述”，作者确立了三个分析的维度：一是全球视野，二是中国轨迹，三是教育诉求。这使原先时常被局限于“学校”这一社会角落的弄堂式存在，陡然开放和阔达起来……

还有什么样的思考，能够如此这般让学校文化的研究与实践，从此拥有了战略胸怀、战略气魄和战略格局？

即使只从这一角度，我仍然得以断言：学校变革与发展，需要策划，更需要“文化战略策划”。中国未来的学校文化研究与实践，将因本书的出版，有新的改变与发展，甚至，可能迎来新的时代——这就是“战略策划”的价值所在。

李政涛

（作者系教育部长江学者特聘教授，华东师范大学“生命·实践”教育学研究院院长）

写在前面

我曾有一个基本判断：本世纪初兴起的“学校新文化运动”，是中国新时期学校发展继素质教育和课程改革之后的“第三次浪潮”。虽然这次浪潮最初并非来自官方的决策与推动，而是源于基层研究者和办学者的探索，但由于它契合了当下学校内涵发展、优质发展、特色发展的广泛诉求，所以起先的星星之火很快便呈燎原之势。时至国家倡导“文化自觉”和“文化自信”，全国上下的学校文化建设更是风起云涌、热火朝天，以至于一些教育行政领导和办学者已经到了言必称“文化”的程度。

然而直至今日，人们对学校文化的认识似乎仍然是“犹抱琵琶”，尚存不少各执己见、模棱两可的观点，在文化实践上也难免各行其道，有的甚至事与愿违。这一方面固然体现出学校文化内涵的丰富性和后现代价值追求的多样性，另一方面也表明我们对学校文化的认识与实践还存在一些误区，而这些误区不可避免地影响到了学校文化建设的健康发展和办学品质的提升。

我们知道“学校新文化运动”的发轫就是以策划为基本理念和手段的。而对于“策划”，有两种截然相反的评价：一种认为通过科学策划可以将学校文化建设引入“绿色通道”，使学校迅速获得高位发展的基础和依据；另一种观点则认为学校文化只能从学校内部生成，任何由外而内的打造都是违背规律、“水土不服”、不可持续的。

我当然不赞同对学校文化进行“技术主义”的打造，但我这十多年所策划的大量成功案例都证明了一点：学校文化完全可以通过策划而提升，引入先进的策划理念和模式来更新甚至重塑学校文化，可使学校文化闪耀出更为理性、更具时代性的光芒。但是，这里有两个根本问题必须阐明：

第一个问题，策划什么。所谓学校文化，是学校长期以来形成并信守的精神理念，以及在这种价值观引领下学校主体成员共同的行为方式与物化形态。这个定义本身已表明学校文化是依靠内源性的“生成”，而不是依靠外源性的“建成”。那么，我们还能作外源性的策划吗？我们究竟可以策划什么？其实答案很明确：策划学校文化战略，而非学校文化本身。就以办学理念策划为例，我的确无法直接帮学校策划出“精神文化”，但精神力的载体——办学理念是可以策划的，卓越的理念策划可以描绘出理想的学校文化蓝图，可以为学校的价值观建设奠定坚实的基础，甚至可以引导和帮助师生将外在的理念逐渐内化为他们的信念，再转化为由这种信念支配的行为方式。反过来说，在如今智慧为王的知识经济时代，如果学校不能有意识地、有效地借助外脑外智，不引入科学先进的策划理念乃至策划者，依然单一地依赖于内在生成，那么有可能发展平台会小一点，发展速度会慢一点，发展品位会低一点。

第二个问题，怎么策划。任何学校文化发展的基础、脉络和样式都不相同，办学者对学校现状的审视和未来的预期也各有思考，这就意味着从理论上说，不可能让所有学校都去使用一套标准的文化策划模板。但是基于广泛推动与引领，我们仍然有必要为学校文化建设绘制一幅较为全面的“文字地图”，其中也包括办学理念策划的原则、内容、模式、思路等。只是这些策划工具在运用到不同学校时必须主动地、灵活地适应于本土实践，必须指向各校办学深层次的变革。总之，办学理念策划只有高度校本化，才能触及学校办学观念与行为的本质，才能有利于学校较快形成文化力，从而整体提升办学的品质和品效。

我正是带着这样的信念，于2001年开启了学校文化战略研究与策划之旅。研究之初我就给自己定下了首创+原创的目标，致力于开宗立派，致力于创建学校文化战略策划的理论体系，致力于树立全国学校文化建设的典型标杆。经过多年努力，我自认为在这个领域有了一些心得，有了一些影响，有了一些代表性。概括地说，我的贡献主要体现在以下几个方面：

一是在全国首提“学校文化力”概念。我认为学校文化建设不在于从“无”到“有”地建设所谓精神文化、行为文化、物质文化等，而是从“有”到“优”地彰显这些文化所产生的“能量”。学校文化力就是学校文化所产生的“能量”，是学校文化元素对学校及其成员发展所具有的作用力和对社会公众的影响程度，是基于学校文化的一种特定的、个性化的综合力量。从学校文化的内涵出发，学校文化力在内容结构上包含精神力、行动力和形象力，它们分别通过办学理念、办学行为、办学环境而得以体现，学校文化战略策划的目标就是要努力追求学校文化力的不断提升。“学校文化力”概念的提出，不但表达出学校文化“建什么”，而且提示了“如何建”，将文化建设的指向、范畴、原则、路径等融为一体，有利于从认识和实践相结合的视角整体把握和践行学校文化。

二是率先提出以“核心理念”作为学校指导教育教学与管理服务活动的最高哲学与价值标准。学校文化的生命力就在于其独具一格的战略个性，而要建立起这种战略个性，首要前提就是必须确立鲜明而独特的、具有哲学意蕴的核心理念，并以其统领所有办学行为乃至办学环境的建设，使学校的理念体系、行为体系、环境体系形成一条由核心理念贯穿的、完整的“价值链”。如此，学校就必然会彰显富有魅力的文化个性，从而大大提升整体文化力。

三是完整建构并系统论述了学校文化战略模型。首先，从本体观（学校文化依据什么）、属性观（学校文化是什么）、目的观（学校文化为什么）、人性观（学校文化信什么）、实践观（学校文化怎么做）的维度建构了学校办学理念的模型。这一独创性的表述较为完整地阐述了办学理念的结构要素和意义。其次，从制度、策略、流程三个层面建构了学校办学行为及其策划的模型。这一研究与表述突破了企业行为识别系统的界限，拓展甚至重塑了学校文化战略中行为策划的领域，迄今在全国范围内仍具有独创性。再次，从视觉与听觉两个维度建构了学校办学环境及其策划的模型。这一论述不但完整界定了视觉环境建设的范畴，更是创造性地建构了在如今的办学实践中普遍缺位的听觉环境建设的内容。

四是创制了一整套学校文化调研、诊断、策划、评价工具，便于策划者或学校主体结合实际，有效应用。我不但提炼出实用性很强的学校文化实践的具体原则与策略，更是创制了一系列包括整体策划流程图、项目指南、调查问卷、访谈提纲、PEST分析框架、办学理念实操、办学行为实操、办学环境实操、战略“立法”和宣导流程、跟进方案、战略评估等在内的策划工具，可以对学校文化建设者给予“手把手”的辅导，有利于他们迅速将理论所述转化为办学实践。

五是策划了大量案例，不但为学校文化战略策划提供了示范，而且大大强化了理论的实践性特征及其学术价值。我这些年主持或指导策划了全国200多所学校的文化战略，这些案例或可论证观点，或可提示思路，更多的可介绍策划方法，可以帮助人们加深对学校文化及其战略策划的原理和实践的理解，提供可资借鉴的样本。同时，这些实践又不断促进我的理论研究得以提升与完善。就我服务过的这些学校来说，其中有许多已成为名闻遐迩的文化建设典范。

2014年，我将一路走来呕心沥血的研究与实践成果写成《学校文化战略策划》一书出版。后来该书获得了第四届江苏省教育科研优秀成果（理论创新类）一等奖。虽然该书广受校长们以及研究与策划同行的欢迎，但今天看来，它在内容上还比较笼统，有些观点和思路还没有想明白，更没有说透彻，再加上时隔四年（本序写于 2018 年），我对学校文化又有了新的思考，形成了诸多新的观点，尤其是对办学理念原理的学术论证、办学理念内涵结构的完善、理念策划思路的拓展、代表性的理念策划案例的呈现等又有不少新的研究与实践成果，而纵观全国学校文化建设现状，我认为这些恰恰是学校文化建设者们最为紧缺、最需补上的“功课”。于是，我不避浅陋，再次为学校管理者、教师、学校文化研究与策划同行献上这本《办学理念策划十讲》。

这些年我在全国各地作了近 400 场学校文化专题报告，其中有不少就是以办学理念策划为主题的。本书以系列讲座的基本形式，环环相扣地向您介绍了办学理念的概念、内涵、原理、策划思路及具体策划方法等，并辅以我策划的大量原创案例来帮您加深对这些学理的理解。

马克思说：“理论只要说服人，就能掌握群众；而理论只要彻底，就能说服人。所谓彻底，就是抓住事物的根本。”我不敢说此书中的观点和案例已经抓住了办学理念及其策划的根本，更不敢说我的“理论”一定能说服所有人。但无论如何，我都希望我的这些理论和实践的成果不只属于自己，不只属于相关学校，也属于大家，属于教育事业，属于这个时代。只有在与学校、与教育、与社会正面的、全面的碰撞和交融中，我才能更清楚、更深刻地检验自身理论的正确与否，从而更准确、更完善地提升自己的学术境界，并以此为建设社会主义先进文化、落实立德树人的教育根本任务贡献一份独特而重要的力量。

第一讲 什么是学校文化战略策划？

为天地立心，为生民立命，为往圣继绝学，为万世开太平。

——［宋］张载《横渠语录》

本系列讲座的主题是“办学理念策划”，它与办学行为策划、办学环境策划都是学校文化战略策划的组成部分。所以，要说清楚办学理念策划，还得先搞清楚学校文化战略策划的前世今生。

“学校文化战略策划”是我在2004年首创的概念，并一直沿用至今。它是学校在自身文化传统、现实形态和愿景展望的基础上，按照预期目标对学校全局的、长远的文化建设所作出的符合学校自身规律的规划。进行学校文化战略策划，目的在于建立学校的文化自觉意识和文化思维方式，对学校文化的各方面、各层次、各要素进行统筹建设，进一步明确学校发展的核心价值、基本方向、整体思路、重点任务、群体风尚等，创新学校文化建设的内容，拓展学校文化建设的领域，规范学校文化建设的模式，全面系统、积极稳妥地推进办学理念、办学行为、办学环境等方面的改革完善，努力构建具有校本特色的学校文化体系，真正实现文化立校，文化强校。

那么，我为什么要提“学校文化战略策划”这个概念呢？要回答这个问题，不得不提到它产生的时代背景，这就引出了我这一讲的第一个话题——

学校文化战略策划的三个来源

第一个来源是“CIS”。

CIS是英文Corporate Identity System的缩写，直译为“企业识别系统”。现代CIS理念兴起于20世纪50年代的美国，以IBM的崛起为标志，它靠极具视觉冲击力的识别符号，以及所体现出的开创精神与高度个性化的企业文化，成功地树立起“蓝色巨人”的形象。此后，许多国际知名企业纷纷效仿，将CIS战略作为寻求扩张与发展的捷径，从而掀起了CIS策划的高潮。善于模仿和创新的日本在20世纪70年代紧随美国之后导入CIS，并实现了设计内容与流程的系统化，创造出了有自己特色的CIS理论。我们今天所阐述的相关理念，基本都是源自于日本的贡献。

CIS主要包括：企业理念识别，简称MI；企业行为识别，简称BI；企业视觉识别，简称VI；后来有实践者将企业听觉识别，也就是AI，作为一个相对独立的识别系统纳入其中。从功能的角度看，CIS是企业形象的整合容器，吸收了包括管理学、行为科学、工艺美学、系统论等营养，整合了企业文化并有效进行战略实施的管理思想和方法。许多成功企业的实践表明，CIS对于树立良好的企业形象、增强企业的竞争力起着不容忽视的作用。

中国大陆引入CIS理念是在20世纪80年代中后期，最早“吃螃蟹”的就是“太阳神”。之后，中国企业迅速掀起导入CIS的热潮。

小贴士

“太阳神”的崛起

早先“太阳神”还是一家籍籍无名的乡镇企业，原名为广东东莞黄江保健品厂，1988年的总产值只有几百万元，然而到1990年年产值增至4000多万元，1991年达到8亿元，1992年竟达到12亿元，四年间翻了两百倍！“太阳神”经营奇迹的背后，不得不归功于他们导入了CIS——这在当时的中国可谓破天荒的一件事。这个充满内涵和现代气息的品牌形象一诞生，“太阳神”便鹤立鸡群般从众多国产品牌中迅速脱颖而出，一炮而红。

——引自“太阳神”集团网站

CIS出自企业，但它的运用不只在企业。学界在定义CIS时也对“企业”的概念作了加注，即“一切具有独立法人资格的团体”，其中自然也包括具有独立办学资格的学校。正是由于CIS的理念具有普遍适用性，因此许多企业之外的组织相继引进了这个操作模式。从本世纪初开始，国内越来越多的学校也请策划机构或相关人员为学校做CIS设计，对提升学校形象和办学质量起到了一定的积极作用。并且在研究与实践的早期，包括我在内的一些研究者不约而同地借鉴 CIS 的说法，提出了 SIS 概念。

SIS 的全称是 School Identity System，直译为“学校识别系统”。在 2002 年刚刚提出这个概念时，我根据它对学校发展的意义而解读为“学校形象识别系统”，后又理解成“学校个性形象塑造工程”。它是将 CIS 战略合理有效地移植于学校土壤，并参与学校管理的一种模式。它从研究学校文化现象入手，将学校经营管理提升到文化经营的高度，可以通过系统作业帮助学校提炼办学理念，设计文化经营、有效管理的途径与方法，提高教育教学的整体运作水平，形成具有浓郁校本特色和独特品牌内涵的学校形象模式。但随着研究向纵深进展，我越来越清晰地认识到，我们为学校所从事的工作，实际上是在对学校文化进行整体的再创造，是在从事一项具有全局性和长远性意义的学校文化战略工程，而不只是单纯地塑造个性形象，更不是仅着眼于形象识别。从另一个角度说，CIS 并非企业文化的全部，而只是它的下位概念，是从属于企业文化的；相应地，SIS 也应是从属于学校文化的一个下位概念。而当我们试图全面介入学校的文化建构时，SIS 这个概念的使用自然就捉襟见肘了。也就是说，原先所理解的 SIS 概念已无法准确界定我们研究和实践的外延，尤其是我们对办学行为的策划已远远超出 BI 的范畴。于是，在后来的研究中，我放弃了 CIS 或 SIS 的概念。而且时至今日，除了极少数校长和为学校服务的文化设计公司外，几乎已没有人再提 SIS 这个概念了。

但不可否认的是，在我们所进行的学校文化战略策划研究和实践中，CIS 以及稍后的 SIS 战略不但起到了重要的“入门指南”的作用，而且也奠定了我们研究内容的基本架构。

第二个来源是“现代学校形象策划”。

1995 年，湖北大学黄兆龙先生首次提出“现代学校形象”概念，第二年他又提出了“现代学校形象策划”概念。在《现代学校形象策划的特点、内容和程序》一文中，他对现代学校形象策划作了如下定义："是包括现代学校高层管理者在内的策划者，为了实现现代学校整体目标，树立良好现代学校整体形象之目的，在充分进行学校实态调查基础上，采取科学的策划方法和艺术，从总体上对现代学校形象战略与具体铸造现代学校形象活动进行谋略、计划和设计，以能动地改变与提高现代学校知名度和美誉度的行为过程。"关于现代学校形象策划的内容，黄先生不可避免地引用了CIS。虽然在MI理念系统的表述中论及现代学校办学管校方针设计、现代学校经营风格设计、现代学校文化建设与提升设计、现代学校竞争策略选择等看似具有教本、校本特质的语言，但其框架与本质还是对CIS的演绎，是结合学校语境为CIS起了一个别名。其后虽也有人沿用"现代学校形象"这个概念，比如2000年年初李为忠发表了《试论现代学校形象的塑造》一文，之后不久闫德明发表了《现代学校形象的设计与传播》，但最终因为使用的人不多，影响力不大，再加上"教育策划"概念的异军突起，这一提法便逐渐淡出了人们的视野。

第三个来源就是"教育策划"。

称"教育策划"为异军突起，的确实至名归。自从我国策划学领军人物陈放在其1998年出版的专著《策划学》中首先提出"教育策划"概念，加上2000年时任河北省教科所副所长的北师大博士生程晗在《中国教育报》上呼吁以教育策划促进教育改革后，教育策划实践和研究便在全国各地轰轰烈烈地开展起来了。首先，在那前后"希望工程"、"疯狂英语"等教育项目的策划，景山小学、棕北中学、建平中学等学校品牌的策划，成都武侯等区域教育的策划等，为教育策划的实效做了活广告；其次，各地探索者虽然名义繁多，但实质类似的策划活动助推了这项运动的开展；再次，最重要的是，2003年中国教育学会教育管理分会教育策划学术委员会的成立，标志着这项运动的“正名”，它统整了这一实践活动的提法，并通过组织研讨会、申报国家级课题、出版《教育策划》杂志等方式整合了分散于全国的教育策划研究与实践者，整体推进了教育策划事业的发展。尤其是他们相继出版了《教育策划：概论与案例》、《教育策划研究》、《区域教育和学校发展的特色策划》等专著，不断修正、充实教育策划的理论，基本搭建起了理论框架。

那么，究竟什么是教育策划？写出我国第一篇教育策划研究博士论文的程晗认为：“教育策划是教育策划者通过教育创意对特殊教育事件的决策所进行的有目的、有计划的预谋活动。”北京教育学院教授、中国教育学会教育策划学术委员会主任卢元锴认为：“教育策划是依照教育规律，遵循管理原则，运用策划理论，对教育资源和机遇进行最佳整合，创造性地设计事业的发展和教育及管理的行为。”为何要作教育策划？卢元锴认为，一是基于整个社会不断创新的需求；二是基于教育变革，尤其是民办学校的兴起和中国加入 WTO 后教育事业新定位的需要；三是基于知识经济时代咨询业的发展。至于教育策划的范畴，卢元锴等认为有地区教育策划和学校教育策划，其中学校教育策划有教育理念策划、学校文化策划、校本课程策划、教师培训策划、教育环境策划、教育活动策划、办学特色策划、学校品牌策划等等。程晗则作了更为宽泛的理解，认为既包括国家宏观领域的教育策划，也包括各领域如教育新闻策划、教育图书选题和发行策划、教育音像制品策划、儿童教育节目策划、教育影视策划、教育科研课题策划、教育产品开发策划、教育学术会议策划、观摩教学策划、学校运动会策划、学校夏令营策划等。

由以上权威学者对教育策划的相关论述可以看出，如果说“SIS”窄化了我所理解的学校文化战略策划，那么“教育策划”则是一个泛化了的概念，虽然它也指向学校文化建设，但并不专注于此，而是几乎涵盖了与教育相关的所有内容。这就使得人们对它在认识上不易聚焦，在实践上容易形成随意性。

无疑，我所说的学校文化战略策划来源于这三个领域，但我为什么不直接借用上述概念，为什么特别钟情于学校文化，要在上述概念之外再提学校文化战略策划呢？这就引出了我要谈的第二个话题——

文化是学校发展的核心动力

为帮助大家充分理解这一点，我想放大思考格局，把它置于全球的和时代的大坐标当中论述。这里要确立三个分析的维度：一是全球视野，二是中国轨迹，三是教育诉求。

1. 全球视野

若是论及世界历史发展的核心动力，毫无疑问，18、19 世纪主要是靠“生产力”。开始于 18 世纪 60 年代的英国工业革命，就是一场以机器取代人力，以大规模工厂化生产取代个体工场、手工生产的生产与科技革命，它随后向整个欧洲大陆扩散，19 世纪传至北美，接着又传播到世界各国。这场生产力的革命是资本主义发展史上的一个重要阶段，实现了从传统农业社会转向现代工业社会的重要变革。到了 20 世纪，经历过两次世界大战的劫难后，以联合国的成立为标志，国际上建立了一系列新秩序、新制度，随后陆续建立的各个国际和地区性组织，如欧盟、太平洋组织、拉美一体化、非洲联盟、东南亚联盟等，也都制定了诸多维护稳定、促进发展的政策与规则，使得世界发展进入了一种新样态。可以说，促进 20 世纪历史发展的核心动力就是“制度”。那么面向 21 世纪，历史发展的核心动力又是什么呢？人们不约而同地指向了一个关键词：文化。没错，“文化”是全球化时代联结人类的最重要纽带，因而也成为这个时代人类发展最重要的动力。

小贴士

为什么会走向全球化？

全球化早在18世纪资本主义世界市场形成之时就已显出端倪，但是200多年来的发展变化从来也没有像近年来这么迅速和剧烈，这是因为：首先，第二次世界大战后形成的东西方冷战结束，国际关系领域内原先着眼于国家安全和势力范围的“高级政治”让位于注重社会经济发展的“低级政治”，各国对物质财富的追求必然使它们越来越多地进入相互依存的经济体系中；其次，一大批新兴国家以远大的政治抱负和崭新的经济姿态走上国际舞台，它们通过频繁的、全方位的合作与交流，建立起多层次的国际关系网络；第三，科学技术的进一步现代化，尤其是以互联网为标志的高新技术的发展，使全球范围内各个领域的相互影响大大加强；第四，全球性的生态危机对人类提出了共同的课题，需要各国同心协力维护共有的环境。

——引自沈曙虹《从世界整体化趋势看新时代爱国主义教育》，1995年第3期《江苏教育研究》

但是，在经济全球化的过程中，在快速融合的世界文化潮流中，文化本身也面临着前所未有的挑战。诞生于20世纪70年代的后殖民主义学派认为，正在加速发展的经济全球化，其实就是经济强势一方的西方资本主义的全球扩张，这种经济扩张必然带来西方文化的植入，伴随而来的“全球性文化”实际上就变成了西方话语霸权，非西方文化自身的进程在西方文化的全球扩张中很可能被突然打断，被迅速卷入全球进程，从而趋向全球文化的西方化。为避免这些现象的发生，各个国家都在努力维护自己的文化特性，维系自己的文化根脉，国际社会促进文化多样性的努力一刻也没有停歇。例如：

1998年，在斯德哥尔摩召开的政府间文化政策促进发展会议，通过了《文化政策促进发展行动计划》，强调文化创造力是人类进步的源泉，可持续发展和文化繁荣是相互依存的，强调不同文化间应平等交流与合作。

2001年11月，在“9・11”事件两个月后，联合国教科文组织第三十一届会议通过了《文化多样性宣言》，指出文化间的对话是和平的最佳保证，各种文化和文明间的冲突并非不可避免，捍卫文化多样性对人类来讲，就像生物多样性对于维持生物平衡那样必不可少。

2005年，教科文组织第三十三届会议通过《保护和促进文化表现形式多样性公约》，这份首次确定的保护文化的世界性的法律文书，意味着文化多样性原则被提升到国际社会应该遵守的伦理道德高度，我国在2006年12月29日第十届全国人大常委会第25次会议上通过了这份公约。

2015年，教科文组织发布了《反思教育：向“全球共同利益”的理念转变？》的报告，这是该组织继1972年《学会生存》和1996年《学习：内在的财富》之后发布的又一份划时代的教育文件，它针对国际上日益增强的文化沙文主义等倾向，再次强调文化多样性可解决所有人的问题，是激发人类创造力和实现财富的最大源泉。

以上可见，从上世纪末到本世纪以来的这些年，“文化”一直是国际社会最为关切的核心，它与人类的幸福和未来的走向息息相关。

2. 中国轨迹

文化既是维护世界和平与多样性的重要因素，也是中华民族的血脉和中国人民的精神家园。所以，谈完了近代以来世界历史的走势，我们再来看看中国的发展轨迹。

小贴士

毛泽东论述“新文化”

早在1940年初，毛泽东同志就描绘了以“新的政治力量，新的经济力量，新的文化力量”为主体的新民主主义社会的蓝图，他说：“我们共产党人，多年以来，不但为中国的政治革命和经济革命而奋斗，而且为中国的文化革命而奋斗；一切这些的目的，在于建设一个中华民族的新社会和新国家。在这个新社会和新国家中，不但有新政治、新经济，而且有新文化。这就是说，我们不但要把一个政治上受压迫、经济上受剥削的中国，变为一个政治上自由和经济上繁荣的中国，而且要把一个被旧文化统治因而愚昧落后的中国，变为一个被新文化统治因而文明先进的中国。一句话，我们要建立一个新中国。建立中华民族的新文化，这就是我们在文化领域中的目的。”

——引自毛泽东《新民主主义论》

中国共产党一直将文化建设置于治国理政的重要地位，在建党早期是如此，在改革开放之后更是如此。

随着改革开放，中国全方位融入国际社会，大踏步迈向现代化，这就必然面临全球化对本民族文化的冲击。如何在这个持续冲击面前继续保留自身文化的特性，继续彰显中华民族的伟大精神？同时，如何更新完善自身文化以适应全球化时代的步伐？这就要求我们必须形成高度的文化自觉，确保我们始终坚定不移地沿着自己选择的道路走向现代化。为此，在中国特色社会主义建设中，文化的力量发挥了越来越重要的作用。

2002 年，党的十六大报告指出："当今世界，文化与经济和政治相互交融，在综合国力竞争中的地位和作用越来越突出。文化的力量，深深熔铸在民族的生命力、创造力和凝聚力之中。"这是新中国成立以来我党首次将文化建设提升到与政治、经济建设相提并论的高度，开创了中国特色社会主义建设的新局面。

2011 年，时任中共中央总书记胡锦涛同志在纪念建党 90 周年讲话中首次提出了"文化自觉"和"文化自信"的理念，并强调了它的重要意义。其后不久，《中共中央关于深化文化体制改革、推动社会主义文化大发展大繁荣若干重大问题的决定》颁布，致力于进一步兴起社会主义文化建设新高潮。

2012 年，党的十八大报告中明确指出："必须推动社会主义文化大发展大繁荣，兴起社会主义文化建设新高潮，提高国家文化软实力，发挥文化引领风尚、教育人民、服务社会、推动发展的作用。"

2017 年年初，中共中央办公厅、国务院办公厅印发《关于实施中华优秀传统文化传承发展工程的意见》，将全面复兴传统文化提升为重大国策。

2017 年 10 月，习近平同志在党的十九大报告中再次强调："文化自信是一个国家、一个民族发展中更基本、更深沉、更持久的力量。……没有高度的文化自信，没有文化的繁荣兴盛，就没有中华民族伟大复兴。"

文化，已成为新时代中国特色社会主义"五位一体"总体布局的重要组成部分；文化自信，已成为我党治国理政的重要原则；建设文化强国，已成为中国全面建成社会主义小康社会、实现中华民族伟大复兴的一个重要目标。

3. 教育诉求

在全球和国家的历史进程中来谈教育诉求，来谈学校文化，我们的眼界理应更为开阔。

学校是人类文明的产物，也是文化传承和发展的重要载体，它随着人类历史的发展而发展，始终与时代共鸣，始终体现着每个时代的精神。然而，正如同“一方水土养一方人”，每所学校各有自己生存的具体社会环境，也有自己独特的历史沿革，师资生源也有很大差异，因此每所学校在发展过程中都会逐渐形成自身特有的教育理念、思维方式乃至特定的习俗。然而长期以来，我国中小学发展主要是依靠自上而下、由外而内的政策驱动，甚至连文化建设也是为了完成上级布置的“规定动作”。

这种现状带来了一系列问题，比如政府和学校责权不清，学校自身的积极性、创造性发挥不够，改革创新的动力不足，办学特色不够鲜明等。随着办学体制改革向纵深推进，政校分开、管办分离的呼声越来越高，学校自主发展、内涵发展的意识越来越强，落实办学自主权已成为从国家层面到校长层面的共同诉求。这种变化极大地提高了学校自我发展的期望，增强了学校办出特色的信心。而学校走向办学自觉的最重要突破口就是文化自觉。如果说过去一些学校还有可能较多地借助历史的惯性、政策的倾斜或地域的优势来谋求发展的话，那么可以断定，随着整个社会发展及教育改革的不断深化，今后对学校的识别、衡量与评价将主要取决于学校文化的品位，学校的发展与成就最终将用文化术语来界定。

为什么文化建设能够对学校发展起到这样的作用?

第一，文化建设有利于促进学校文化更新。前面已经说到，在当今时代全球化、市场化、信息化的大趋势下，我们的国家和民族正经历文化更新，那么学校的文化更新也势在必行。所谓学校文化更新，是指学校在特定时期赖以生存的文化模式向一种全新的、更具时代精神的文化模式的转向。一些学校由于历史积淀的东西太多，有可能导致办学者不易及时觉察形势变化，不愿或不敢轻易改变现状，继续按照惯性坚守原有文化，以致不能有效地与时俱进。因此，在不断变化的新的社会生态面前，文化更新是所有学校发展的必由之路。只有对此正确理解、积极推动，才能为自己学校的文化注入新的活力，才能在新的平台上持续健康发展。

第二，文化建设有利于促进学校优质发展。总体而言，当前教育的根本任务已由满足“学有所教”向实现“学有优教”转变，高质量办学已成为普遍诉求。深化学校文化建设，正是将教育发展的重点由外延发展转向内涵发展。在学校发展中，文化起着观念整合、价值引导、情感激励、规范调节等重要作用，只有站在文化建设的高度才能驾驭学校的发展，从而全面提高办学质量，交出“让人民满意”的答卷。

第三，文化建设有利于促进学校特色发展。特色学校建设是推动基础教育均衡、优质、内涵发展的有效途径，是学校建设的新走向、新追求。然而多年来，许多学校办学的理念、思路和模式高度同质化，这其中的原因固然有很多，但无视自身历史、割裂自身传统无疑是重要因素。学校文化建设可促使学校向内审视自己的发展脉络，主动总结学校发展的规律和经验，提炼学校传统中值得弘扬的要素，然后在传承的基础上积极作出面向未来的文化选择，最终形成既有深厚底蕴又有独特魅力的办学特色。

第四，文化建设有利于促进课程改革的深化。课改走到今天，大家形成的共识是：文化认同是课程改革深入进行的基本前提。但学校文化与课程改革是互相制衡的，课程改革的系统性、复杂性要求学校必须作出相应的文化变革。变革的过程就是学校原有文化与课改理念相互调适的过程。

第五，文化建设有利于促进人的精神境界的提升。在学校文化管理中，师生既是管理者，又是被管理者。一方面，师生与校长一样，是学校文化建设的设计者、实践者，学校文化建设需要学校成员的文化自觉，要全心全意地依靠师生；另一方面，作为文化管理的对象，学校文化建设能够提振师生的精气神，强化学校的正能量，使学校真正成为师生幸福栖居的家园。

说到现在，我们终于可以回答开始的提问了——

为什么要提“学校文化战略策划”？

毫无疑义，继素质教育和课程改革之后，学校文化建设已成为中国学校内涵发展的“第三次浪潮”，汇聚起这一浪潮的就是包括CIS（SIS）、现代学校形象策划、教育策划等在内的广泛实践与思考。而与这些概念相比，“学校文化战略策划”直接聚焦于“文化”这个全球的和时代的核心词，着眼于学校的宏观发展，强调策划理念和技术的运用，是一个既可以整合前面那些提法，又有明确指向

和独特内蕴的概念。2006 年 4 月，教育部颁发了《关于大力加强中小学校园文化建设的通知》。虽然这份文件用的是“校园文化”而不是“学校文化”的提法，但它毕竟是教育最高行政机关吹响的文化建设的号角，对全国学校文化建设起到了重要的引领和推动作用，自然也为我致力于学校文化战略策划提供了新的动力。从那以后，我通过发表论文、出版专著，又通过在全国 20 多个省份的数百场专题报告来传播这一概念，宣传它的价值、内涵和实施体系等。2018 年 9 月 10 日，我在网络中搜索“教育策划”，结果显示有 1020 多万条；搜索“学校文化战略策划”，则有 1430 多万条。应该说，这个概念不但已广为人知，而且有着很强的生命力。

还有一个小问题——为什么不直接说学校文化策划，而要加上战略二字？这就要说到我一直以来坚持的一个观点：学校文化一定是内在生成，而不是外在建成的。我们策划的，只能是学校文化战略，而非学校文化本身。也就是说，我们所策划的是办学理念而非精神文化，是办学行为、办学制度、办学环境，而非行为文化、制度文化和环境文化。但运用策划手段，可以为理想的学校文化形态描绘“效果图”，可以制定科学、合理、高效实施的文化行动的“路线图”和“施工图”。而这些战略方案要真正成为学校文化，学校必须自身经历长期的、能动的办学实践，使它逐渐转化为师生共同的信仰，并转化为由这种信仰引领的共同的思维方式和生活习惯。而这两个“转化”，就是学校文化战略生成为学校文化的过程。

澄清了“学校文化战略策划”是什么和为什么提此概念，接下来就要切入“办学理念策划”了。

第二讲　什么是办学理念策划？

名不正则言不顺，言不顺则事不成……故君子名之必可言也，言之必可行也，君子于其言，无所苟而已矣。

——［春秋］孔子《论语·子路》

要说清楚办学理念策划，就要先说清楚办学理念；要说清楚办学理念，有一个概念不能不提，那就是学校文化力。

什么是学校文化力？

2004 年，在提出“学校文化战略策划”的同时，我在全国首创了“学校文化力”概念。那段时间我一直在思考一个问题：对任何一所学校来说，从它建成之初，文化就逐渐形成了，就已经客观存在了，我们今天来建设学校文化，绝不是在做“从无到有”的工作，而是将原有文化向更具时代性、先进性、校本化的方向加以优化完善，使文化更能体现出对学校发展的核心推动作用。一言蔽之，我们所做的是“从有到优”的工作。这个从有到优的过程，就是学校文化力提升的过程。从这一基本理解出发，我提出了“学校文化力”的概念。

学校文化是有力量的，而“力”是有能量大小之分的。事实告诉我们，并不是所有学校的文化建设都必然能产生预期的、理想的“力量”，因文化建设者主观能动性的差异，不同学校的文化建设必然会产生不同程度的影响。比如有的学校的校训，学生还没有离开校园或许就忘了，而有的学校的校训学生可能终身难忘；有的学校的环境布置，学生新鲜三天之后就视而不见了，而有的学校的环境却让学生每每流连；有的校歌听上去是强颜欢笑、无病呻吟，与孩子的兴趣点、审美点错位太大，也有的校歌却能像“长亭外，古道边，芳草碧连天”那样传为经典；有的校园因浓烈的童话色彩，成为孩子们连假期都向往的地方，有的校园则可能是学生的梦魇……由此可见，学校文化与学校文化的“力量”并不是一回事，学校文化建设的关键也不在于建设精神文化、制度文化、物质文化、行为文化等本身，而在于这些文化建设所产生的影响和效能，在于努力提升学校文化力，真正使文化成为展示学校独特形象、凝聚学校成员智慧、推动学校长足发展的巨大能源。

学校文化力是学校文化所产生的“能量”，是学校文化元素对学校成员发展的作用力和对社会公众的影响程度，是基于学校文化的一种特定的、个性化的综合力量。学校文化力是通过对学校文化的策划、执行、管理、调控、传播等行为体现出来的。一所学校有良好的文化元素，并不等于一定有良好的文化力，不会必然提高学校文化品位、实现战略目标。这些目标和品位只有在学校师生创造性地、有效地运作学校文化元素，也就是形成了良好的文化力之后才能达成。比如一所百年老校所拥有的丰富历史资源，就是这个学校宝贵的文化元素，但如果你无视历史，你不善加利用，那么这个资源永远只处在沉睡状态，永远不可能为学校发展发挥现实的促进作用。

学校文化力有它自己的结构，这个结构要从学校文化的内涵说起。虽然人们对学校文化有各种各样的理解和界定，但下面这三个要素是大家公认的：学校文化是一种价值观，是师生的行为方式，是一种物化形态。作为价值观的学校文化，它往往体现在办学理念上，这个办学理念必然会产生精神力；作为行为方式的学校文化，它往往体现在办学行为上，这个办学行为必然会产生行动力；作为物化形态的学校文化，它往往体现在办学环境上，这个办学环境必然会产生形象力。为了直观地理解它们的关系与结构，我用下面这张图来表示：

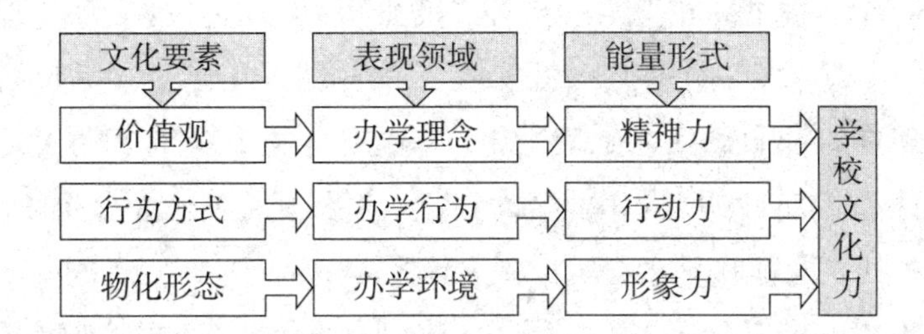

由这幅图可以看出，学校文化建设的目的在于提升学校文化力，而学校文化力的提升基于办学理念、办学行为、办学环境的提升与完善。比起人们常说的精神文化、制度文化、行为文化、物质文化等学校文化的“四分法”，我更希望用学校文化力，用精神力、行动力、形象力，及其相应的办学理念、办学行为、办学环境等提法，它们直接阐明了学校文化建设的目标和关键，不但表达出“建什么”，而且提示了“如何建”，将文化建设的目标、内容、原则、方法等融为一体，有利于人们从认识和实践相结合的视角整体把握和践行学校文化。

学校文化力是学校文化建设最重要的概念，办学理念又是提升学校文化力的三大领域之一，也是最重要的一个领域，因而办学理念策划就成为学校文化建设的基础性、主体性工作。接下来就要回答这个问题——

什么是办学理念?

"理念"这个词最早出自古希腊语，叫 eidos，意思为形式、外观等，在苏格拉底之后逐渐增加了观念、类型、宗旨、本性等含义。后来被引用到英语，称作 idea，又被赋予了精神、信仰、理想、认识、观点、使命等含义。所以说这个词在西方有很多意思，并经历了一个逐步发展与完善的过程。临沂师范学院韩延明教授在分别分析了柏拉图、康德和黑格尔对"理念"的阐释，又经过对中国传统哲学里的相似概念"理"的分析后，概括地认为："理念"是人们经过长期的理性思考及实践所形成的思想观念、精神向往和哲学观点的抽象概括，是理论化、系统化了的，具有相对稳定性、延续性和指向性的认识、理想的观念体系。我对这个界定表示认可，尤其认同他将理念界定为观念体系。

20 世纪末，"理念"一词开始出现在我国基础教育领域之中，并且生发出"办学理念"的提法。随后，陆续有学者从自身理解出发，对"办学理念"进行了界定，归纳起来大致有以下几种：第一种认为办学理念是指随时代进步而变化的、影响和决定学校整体发展的、反映教育本质要求的、来源于办学实践又作用于办学实践的理性认识和价值追求；第二种认为办学理念是校长基于"办怎样的学校"和"怎样办好学校"的深层次思考的结晶；第三种认为办学理念即学校发展中的一系列教育观念、教育思想及其教育价值追求的集合体，是学校自主建构起来的教育哲学；第四种认为办学理念是建立在对教育规律和时代特征深刻认识基础之上的，它回答的是"学校是什么"、"学校具有什么使命"、"学校发挥什么作用"等一些基本问题；第五种则将其界定为学校成员创造并共享的核心教育观念，它集中反映了学校的价值追求，决定着学校的发展方向。

我认为以上界定都在一定程度上揭示了办学理念的特征，但也存在思考不周密之处。第一种说法失之于笼统，第二种说法过于强调校长个人的作用，第三种说法将办学理念等同于一般的教育观念，第四种说法缺乏对办学理念涉及的各个问题的提炼，第五种说法则没有表现出办学理念的丰富性。

经多年实践和思考，又综合借鉴上述说法，我对“办学理念”作了如下界定：它是学校成员创造并共享的核心价值，以及在核心价值的统帅下对本校一系列教育教学思想和管理服务观念的校本化、概括性表述，是一整套指引办学方向和方法的概念与观念体系。

这里有个问题要特别说明一下。如今许多学校在总结或设计办学指导思想时，都把办学理念当作一个单独的条目，与学校发展目标、培养目标、“一训三风”等内容并列使用，其实这是一种误用。如果我们把办学理念独立出来，那么学校目标、“一训三风”等是什么？难道它们就不是办学的理念了吗？所以请大家特别记住，办学理念是概括了学校各种价值追求的一个观念体系，不是“单数”而是“复数”。

说到观念体系，从理论上讲，它就应该是一个要素齐全、逻辑连贯、层次分明的组合。那么，办学理念到底是一个怎样的体系或组合？对此，许多研究者、办学者、策划者都作过探讨和实操，研究出来的成果、设计出来的学校理念也可谓八仙过海、万象缤纷。虽然这其中不乏闪光点和突破点，虽然我也在一定程度上认同“存在即合理”的道理，但我还是想直言不讳地说，就整体而言，目前国内学校对办学理念结构的认识水平亟待提升，对办学理念策划的科学性亟待强化。

我们不妨先来看某中学自己设计的案例。这个学校的理念“体系”包括：校训、学校精神、教育理念、育人目标、校风、教风、学风、领导作风、价值观念、教师形象、学生形象。且不管他们的各个理念条目是如何表述的，现在的问题是：这些条目设置的科学性到底有多少？谁能说清楚学校精神和校风的区别？谁能说清楚教风和教师形象、学风和学生形象的区别？谁又能搞清楚价值观念在其中是个怎样的存在？还有，学校愿景或办学目标在这个学校是可以缺位的吗？

小贴士

办学理念的常见问题

第一，大而无当。有的学校不适当地把遥不可及的向往作为办学理念，呈现出过度超前的倾向，或把时代的共性主张拿来当成个性追求，表现出“不能承受之重”。如将“以人为本”当成办学理念，要么“以人为本　和谐发展”，要么“以人为本　科学发展”，或者“以人为本　全面发展”，这种理念就不能称为有效。因为“以人为本”是我国整个社会发展的基本指导思想，是时代的共性要求，是所有学校办学理念不言而喻的大前提，学校所要表明的应是如何以人为本，从以人为本中解读出对教育的理解和学校的独特价值。还有如“一切为了学生，为了一切学生，为了学生一切”也属此类，它实际上体现了学校教育的终极诉求，至少现在来看几乎无法实现。再比如“办人民满意的教育”，或“与时俱进开创未来”等，表面上不错，实则笼统空泛，使人们对学校价值观的理解难以聚焦。对办学理念而言，外延越大，越具有概括性，往往越不适应学校的独特性。

第二，没有个性。这是最常见的问题。有一个针对50所中学的校训用词统计，毫不费力地归纳出了一些高频词，如团结22次，创新38次，勤奋26次，严谨24次。校训雷同现象严重，一方面是缘于单一的管理模式，学校缺乏办学的自主性、灵活性，校训表现为对时代流行语的盲目追随；另一方面缘于一些学校缺乏对自身传统和文化内涵的深入挖掘。这样的校训很难获得师生的普遍认同，有些甚至成为校园中可有可无的摆设。

第三，缺乏统整。办学理念绝不是各个条目在各自划定的边界内的自言自语，也不是这些条目的简单拼合，而应该是相互联系、相互补充、相互制约的有机整体。但在现实中，理念表述各自为政、散乱拼凑的情况十分常见。很多学校的办学理念如果拆开来孤立地看，或许感觉还不错，甚至都可以比作一颗颗珍珠，但如果置于一体进行整合分析，你就会发现它们只是一盘零散的珍珠，整个理念在内容上缺少红线贯穿引领，在语言风格上也缺少内在统整性，似乎都只在自说自话、各弹各调。没有主线、没有灵魂的理念，将难以有效承担起学校发展顶层设计的使命，也必然难以形成凝聚人心、催人奋进的强大精神力。

第四，以偏概全。我们常会看到许多把特色项目过度拔高的办学理念，如一些以棋类为特色的学校，要么声称“学棋做人，励志明德”，要么表示“以棋立德、以棋促学、以棋养能”，要么立志“棋育德、棋益智、棋养性、棋交友”等；再如以球类为特色的学校，不是“足球兴校、健身健脑、拼搏进取”，就是“以乒乓特色兴校，用国球精神育人”。我们不能说这些说法本身有错，问题在于用推进特色项目建设的理念取代了整个学校的办学理念，忽略了学校“以学为主”的根本任务，颠倒了“道”与“器”的地位。

第五，纸上谈兵。部分学校放弃本应该建立符合自己学校实际的办学理念，而单纯地热衷于引经据典，诸如“厚德载物”、“止于至善”、“教人求真，学做真人”之类，片面追求办学理念内涵如何深、意义如何大，结果是花里胡哨，没有实际引领作用。办学理念只有践行才有生命力，理念提出的目的也在于运用。但不可否认，有的学校的理念并没有在学校办学实践中展开，没有成为活生生的实践行为。在这样的学校，办学理念和教育教学实践几乎是“两张皮”，理念只是墙上挂挂、嘴上说说、纸上写写，评估的时候拿出来用用，宣传的时候拿出来讲讲，并不见得当真。

——摘自沈曙虹《办学理念不能承受之“痛”》，2014年10月15日《中国教师报》

为了理论上更完善、实践上更科学，为了学校发展更有品位、更上档次，我认为办学理念体系建构已到了由“博”而“约”、由“民主”到“集中”的时候了！这就回到了刚才的问题上——

办学理念到底是一个怎样的观念体系？

一般而言，作为观念形态的办学理念，基本的观念组成有本体观、属性观、目的观、人性观和实践观。

第一是本体观。什么是本体？就是指事物的本原、本质。当你问事物源于什么，或者事物本质上是什么，或者是什么把握着事物的存在时，就触及了事物的本体。本体决定了事物是什么，决定了事物会怎样。打个比方，中国文化以德性为本体，注重人际关系和人伦道德，因此中国人自然形成了“三人行必有我师”、“父母在，不远游”、“一个好汉三个帮”、“一方有难八方支援”等传统行为模式，连吃饭都习惯于围坐在一起，“你中有我，我中有你”。而西方文化以个性为本体，更看重个人的独立性、能动性，因而西方人的行为模式多是特立独行，吃西餐也是分餐式。由此而言，所谓办学理念的本体观，就是对学校本质的认识，是指从学校生活中发现和形成的，对本校存在与发展最基本、最根本的依据的认识。我们学校究竟是一种怎样的存在，我们学校一切活动和全部精神财富的共同前提是什么，我们学校存在和发展最高的支撑点是什么，对这些问题的回答就是本体观。通俗地说，本体观思考和回答的是学校生存与发展“依据什么”的问题。

第二是属性观。什么是属性？就是指事物本身固有的内在特性。比如茶杯，它是一种盛装饮用水并且可以端在手里饮用的器皿。这么一界定，就把它与脸盆、饭锅、水缸等可以盛水的器皿区别开来了，甚至也与水瓶等其他盛装饮用水的器皿区别开来了。即便同是茶杯，也还有玻璃、陶瓷、纸质、塑料、金属、紫砂等不同材质，不同材质也就构成了不同茶杯的属性。正由于每个事物都有区别于其他事物的特性，才形成了丰富多彩的大千世界。所谓属性观，就是对不同事物独特本质的认识。前面我们谈到，每所学校都有独特的建校背景、生存环境、历史沿革、师生状况、教育理想等，这也就意味着每所学校的属性各不相同，那么我们就需要建立起办学理念的属性观，就需要对本校内生的、必然的、不可或缺的性质，以及对本校不同于其他学校的独特本质加以分析和提炼，并明确表述出来。通俗地说，属性观思考和回答的是我们学校“是什么”的问题。

第三是目的观。人是有目的的存在，学校的存在同样如此，一是要合乎规律，这是求真；二是要合乎目的，这是求善。有人说，学校存在的目的已由党和国家的教育方针规定好了，学校只要坚定贯彻就行，除此以外，不必也不可能有其他目的。这话从宏观层面看确实有理，但它只看到了共性，忽略了每所学校都是个性存在。比如同为普通高中，有的学校可能着重于为高校输送拔尖创新人才，有的学校可能更多地关注为社会培养合格毕业生；即便同为义务教育学校，也可能因为有科技、艺体、国学等不同特色，而自然形成了不同的办学追求。由此，所谓目的观，就是对自己学校存在的独特理由与意义的认识和信念，是对理想的学校愿景的终极性判断。通俗地说，目的观思考和回答学校“为了什么”的问题。

第四是人性观。学校是师生生命成长的地方，这就决定了教育活动的进行必须建立在对美好人性向往的基础之上。良好的学校教育首先应对人性作出合适的理解，需要在对学校成员“是什么样”的分析和把握的前提下，对师生“应该是什么”、“应该怎样”等理想状态寄予最大期待。所谓人性观，就是指对学校成员长期以来所形成的基本精神理性的认识及其主张。通俗地说，人性观思考和回答的是学校师生“信什么”的问题。

最后就要谈到实践观了。办学就是一种实践行为，实践是学校成员的存在方式。马克思说：“劳动过程结束时得到的结果，在这个过程开始时就已经在劳动者的表象中存在着，即已经观念地存在着。他不仅使自然物发生形式变化，同时他还在自然物中实现自己的目的……”这就告诉我们，实践是有指导思想的，以什么样的观念投身学校实践是非常重要的。所谓实践观，就是对学校的理念和理想如何体现在行动上的认识。通俗地说，实践观思考和回答的是学校“怎么办”的问题。

当然，我们上面说的这五“观”只是办学理念的观念要素，那么这些要素又具体表现为什么样的理念呢？我们可以通过下面这张图来说明：

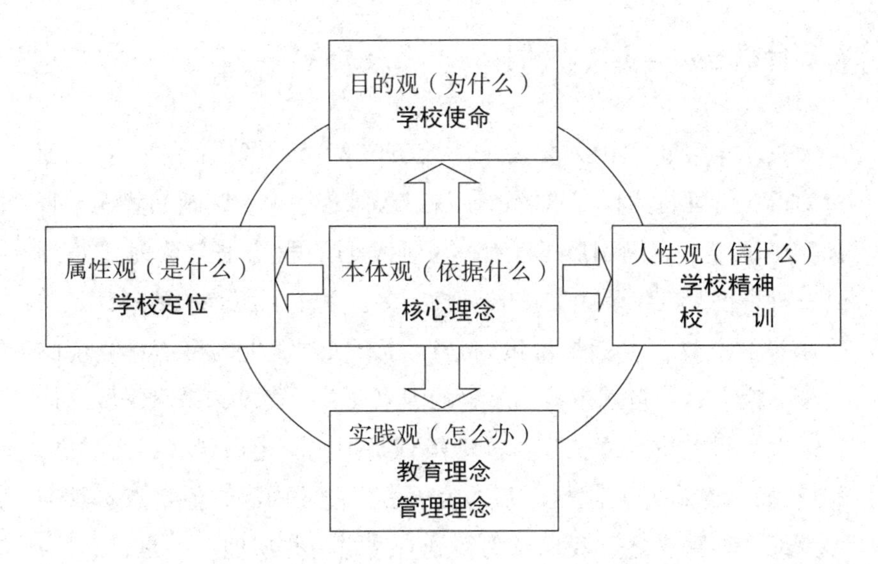

通过这张图可以看出，本体观回答了学校“依据什么、从哪里来”的问题，一般可以用核心理念来表述；属性观回答了学校“是什么、在哪里”的问题，一般可以用学校定位来表述；目的观回答了学校“为什么、要去哪里”的问题，一般可以用学校使命来表述；人性观回答了学校“信什么、以什么精神状态去”的问题，一般可以用学校精神、校训来表述；实践观回答了学校“怎么办、如何去”的问题，一般可以用教育理念、管理理念来表述。这不禁让我想起了一个笑话，说门卫都是天生的哲学家，因为他每天都要问好几遍这样的问题：你是谁？你从哪儿来？你要去哪里？以此看来，这五个“观”及其理念表述正是从不同侧面，以环环相扣的形式，直接指向学校发展中最基本、最根本的哲学问题，因而，这些观念的完整表达与有机结合，就构成了办学理念的观念体系。说得再直白一点，这五个“观”是学校办学最重要的、必须回答的、缺一不可的问题；这五个“观”所对应的理念要素，自然就是办学理念体系必不可少的组成部分。

说清楚了什么是办学理念，那么——

什么是办学理念策划?

关于策划，国内外学者的界定五花八门，概括而言，有事前行为说、管理行为说、选择决定说、思维程序说、判断趋势说、目标实施说等。台湾出版的哈佛《企业管理百科全书》认为:“策划是一种程序，在本质上是一种理性行为。基本上所有的策划都是关乎未来的事物，也就是说策划是针对未来要发生的事情作当前的决策。换言之，策划是找出事物的因果关系，衡度未来可采取之途径，以为目前决策之依据。亦即策划是预先决定做什么，何时做，如何做，谁来做。”这段话基本表达了策划的内涵，但重点不够突出。综合各种表述，我们认为策划有这样一些特性：一是目的性，要围绕具体目标来进行；二是策略性，必须制定策略或提出创意；三是操作性，提出可行的实施方案。

再来谈办学理念策划。所谓办学理念策划，就是基于学校优秀的文化传统，以当代学校文化战略策划中全新的办学理念结构框架为参照，以特定的操作原则和流程，完善甚至再造学校办学的理念体系，以达到增强学校文化的精神力、提升内涵品位的目的。

第三讲　办学理念策划的成功法则

君子不言，言必有中也；不行，行必有称也。

——［汉］扬雄《法言·君子》

搞清楚了什么是办学理念及其策划，接着就要来分析如何策划办学理念了。根据十多年来为学校作文化战略策划的经验，我认为成功的办学理念策划必须遵循六个字的基本法则，我把这六个字分为三组概念：准与特、全与实、精与美。

第一组法则：准与特

策划办学理念，就如同用文字为学校做临摹，首先你要画得像才行，否则一切都免谈。准，就是能完全真实地挖掘提炼学校的办学传统和突出成就，就是能敏锐捕捉学校最应表达的核心价值，就是能完整准确地体现学校的价值追求。

如何做到准？我认为最重要的前提就是对学校的历史形成高度的自觉。我们都认可办学理念是教育方针和教育规律的校本化反映，是办学理想的特殊表达。前面已经谈到，学校文化是学校个性的体现，每所学校都有属于自己的历史，在发展过程中逐渐形成自身特有的生命密码，积淀着独特的精神、理念、智慧、习俗，因而从理论上讲所有学校的文化都不可能千篇一律。所谓“历史自觉”，就是对学校传统中的这些“不同”有清醒、理性、能动的认识，能充分了解本校发展脉络和重大历史事件，认识到学校发展演变的规律和趋向，能积极总结和审视办学经验，并具备更新传统的自主能力，甚至能取得在学校未来发展方向选择中的自主地位。所以策划设计要强调一切从学校实际出发，注重挖掘学校现有资源，将今天的办学行为与学校传统进行比较，充分体现和弘扬学校自身的办学优势，不断追寻传统、丰富传统、创新传统，寻找一条有自身特色的、通向发展目标的最佳途径。

以我策划的南京市高淳区实验小学为例。高淳历来有崇文重教的优良传统，相传自从孔子巡游到高淳并建儒童书院开始，儒学之风就一直在这片水乡大地上绵延不绝。百年老校高淳实验小学位于当地著名的学山之上、泮池以北，从明代弘治年开始，这里便一直是建学兴教的重地，从书院、学府、学堂一直到今天，500 多年从没有中断，儒学文脉可谓源远流长。正如孔子所言“智者乐水，仁者乐山”，我深深地感觉到，这种居山傍水的地理优势，在岁月流转、世事兴替当中，逐步积淀为学校“亲仁近智”的文化意脉，并演化成今天办学哲学的核心要素。学校多年来形成的“人文生态”的办学主张，追求“智慧”的教育理念，“人性化、人本化、人文化”的管理特色等，不都是对“仁”与“智”的生动写照吗？所以我便在与校方沟通后明确提出了“亲仁近智”的核心理念，把它确立为立校的基础和育人的根本，致力于在传承的基础上推新，致力于追求教育普适价值的校本化表达与实践。

教育是为未来社会培养人的活动。办学理念不仅是对过去办学经验的总结，不仅是为现实服务，也是对学校未来活动的预期结果。所以这个“准”字虽然是从学校传统出发，但应重在立足于当前、着眼于未来，而不只是沉湎于过去。因此，策划者要在历史自觉的基础上，从学校生存和发展的高度去思考办学理念的问题，以学校的长远目标和可持续发展作为归宿，避免只顾眼前，甚至拘泥于历史的短视思维。

再举一个幼儿园的例子。江苏的淮阴师范学院第一附属小学幼儿园，一直在沿用着一附小的“求真”理念，也一直在思考这个问题：我们该如何在传承中努力走出属于自己的办园之路？在我加入该园的顶层设计并了解到他们的办园传统及新的诉求后，经过审慎思考，我为该园提出了“养真”的核心理念。养真，既有持之以恒求索教育真谛的含义，也有循序渐进呵护幼儿成长的含义，既表明了遵循规律、科学育人的事业操守，也表明了静待花开、相伴成长的教育情怀。相比一附小的“求真”，它既体现了一以贯之的文化基因，又凸显了幼儿园比起小学更重要的养育特性。总之，“养真”的园本性特征更加鲜明，很好地体现了在传承的基础上创新的原则。

从理论上讲，理念策划做到了准，也就体现出了原创性，自然也就可以做到特，做到用学校自己的“方言”来表述。但事实上并非如此，现实中守着自己学校的独特资源却在人云亦云地说“普通话”的例子绝不少见。就以校训为例，我曾归纳了老八股、新八股、新新八股三种俗套：所谓老八股就是严谨、勤奋、求实、创新之类；所谓新八股，就是厚德、博学、笃行之类；还有新新八股，比如“做最好的自己”。不是说这些内容不好，怕的是这些内容被批量生产，怕的是它们到处撞车。试想，如果你学校的理念与其他学校大同小异，缺少识别力，师生和校外公众就难以认同；你的理念师生难以认同，又如何让他们向往；你的理念师生不向往，自然就更谈不上歌里唱的“就这样被你征服”！由此可见，一个“特”字，一个基于“准”字的识别力、差异性、个性，是学校文化建设、办学理念策划的前提性、基础性原则。南京燕子矶中学的核心价值观本来用“和谐”来概括是最为准确的，但由于这个词早已成为整个社会的高频词，也成为很多学校的热词，显然不宜再拿来使用，于是我就用“协进”作为该校的核心理念。这个词与“和谐”意思相似，但辨识度较高。事实证明，经过几年的践行，协进文化早已在该校蔚然成风，“协进”也成为学校远近闻名的文化符号。

我们再来具体分析一下这个案例——

大家都知道南京的凤凰台，它因唐代大诗人李白《登金陵凤凰台》一诗而成为千古胜迹。南京凤游寺小学正好位居凤凰台边，由此，“凤语”很自然地成了学校独特的话语体系。依据凤凰大美、大贤的文化象征，我们设计出了“济美兴贤”的校训，并阐述了它的教育内涵：“济美”是外在美好的体现，“兴贤”是内在品质的追求，希望每一位凤小师生都能传承与弘扬凤凰美好贤德的品性，建构起师生共同的世界观、思维方式和行为方式。同时，我们还设计了其他理念，如学校定位是“‘凤凰’栖居地，小班示范校”，学校使命是“激情养慧，济生命灵性之美；增广举高，兴全人发展之贤”，学校精神是“心至纯、行至远的凤飞精神”，教育理念是“和其鸣率其舞，动于内发于外”。这样的“方言”表达，只能属于这个学校；这样的理念策划，只能是为这个学校量身定制的纯“手工艺”。

今天，在学校追求内涵发展、优质发展、特色发展的态势下，学校的文化创新更需要遵循“错位发展”理念，避开同质化的思路，注重从自身独特而不可复制的办学生态中挖掘文化资源，凝聚文化灵魂。只要学校寻找到这种个性化的精神气质，并努力在当代教育观中进行准确定位，那么学校文化就必定会具备鲜明的战略特色，就必然会使学校文化力得到极大提升。

第二组法则：全与实

首先谈“全”字。它的含义至少可以体现在三个方面：

一是整体性。理念是学校的灵魂，确立办学理念是实施学校战略管理的集中体现，是对学校发展重大的、决定全局的整体把握，是对学校发展的宏伟蓝图的理性筹划。理念策划应该从学校内部各要素之间的关系、从学校与环境之间的关系出发，着眼于学校整体发展，着眼于理念的完整呈现，而不仅仅满足于局部的修补或者改善，尤其要考虑到理念设计对办学行为、办学环境建设的指导作用。在为江苏省苏州工业园区第六中学作策划时，经多角度考量，最终我将“美美与共”确定为学校的核心理念，同时以此为红线展开了一系列的理念创意，如确立了“崇美、修美、彰美、创美”的学校使命、“慧美其文，精美其质，弘美其名”的学校愿景、“育成人美德，蕴成才美志”的教育理念、“怀美行，养美才，增美质”的校训等。在理念精神的指导下，我们还建构了一套“课程实践神形兼美”、“学生形象表里俱美”、“师生关系心心相美”、“校园环境心物谐美”、“教师发展知行尽美”、“校区联动精神互美”的实施体系，将费孝通先生手书的“美美与共”四个字镌刻在迎门广场的景观石上，将各种字体的“美”字艺术地装饰在主建筑门楼上，甚至学校标志也是以“美”字为基本图案。如此，学校的办学理念、办学行为、办学环境形成了一条以“美美与共”为核心理念贯穿的完整的价值链。

二是共同性。学校文化是全校师生的共同人生，办学理念的主要传播对象和最终受益者是广大师生，所以无论由学校自己进行理念策划，或是邀请校外专家主导，都必须发动教师与学生深度参与。这既是集思广益，也是凝心聚志，使理念的形成能够水到渠成。2005 年暑假之初，在我为某市校长作学校文化主题报告后，立即有一位中学校长邀请我去他们学校作策划。由于学校急于在新学期就拿出新的理念方案，所以整个暑假我都在帮学校赶这项工作。经过对班子的调研、与中层的反复沟通，终于在开学前拿出了学校骨干认同的理念文本。当开学后学校领导把这套方案向全校老师宣布时，不想却引起了强烈的反对。原来那时候学校文化建设还没成气候，虽然中层和校级骨干听过我的报告或跟我有过面对面的交谈，已经理解了它的内涵和价值，但老师们对这些东西还很陌生，对这些与他们以往的经验有较大差异的东西产生了很大的抵触，再加上校长在推介新理念时过于简单化，所以这项我们行话所称的“宣贯”工作就失败了，最终理念方案也就搁浅了。这是我策划生涯中为数不多但教训深刻的失败案例，它告诉我们，在学校理念策划过程中必须广泛问计于民，既要征询师生对文化建设、对学校发展的意见建议，又要组织团队学习，提升他们的认识，培养共同语言，形成强烈的“我们”意识。

三是开放性。学校不是封闭的体系，学校文化是开放的、动态的、多元的，是始终在与时代、与社会的互动中发展的。学校的文化创新除了要不断“回头看”以外，还应不断“左右看”，就是要把其他学校的优秀经验借鉴过来，将其他领域甚至异质文化的优秀内容借鉴过来，为我所用。今天，面对传统文化与现代文化、东方文化与西方文化、主流文化与非主流文化交互影响的社会背景，学校理念策划必须在与社会文化互动的过程中对其进行必要的选择，汲取它的精华，将它内化为富有特色的学校文化内容，形成个性化的文化系统，并且不断调整、充实和发展，以适应社会文化的时代要求和现代学校文化的内在要求。

我于 2004 年进入江苏省张家港外国语学校进行文化战略策划。几经讨论，最终与校方达成共识，以“和”作为学校的核心理念。“和”是我国古代哲学思想中最重要的概念之一，指不同事物对立统一而达到的平衡协调状态。它纵贯整个中国文化发展的全过程，积淀于各个时代的思想观念之中，因此，它体现着中国文化的首要价值和精髓，也是中国文化最完善最富生命力的体现形式。同时，“和”也是当今西方社会普遍的理性追求，其主导价值观是主张多元性、差异性，认为人与自然、人与人是共生共长的伙伴关系。中国传统文化精髓与西方当代文化主流在“和”这一理念上达成了高度的一致，成为世界多元文化的一个共同的生长点，成为当今人类大同的价值取向。外国语学校以融汇东西方文化的性质，集中体现了“和”的理念与理想，而张家港外国语学校以此作为核心理念，不但具有适切性，而且具有战略性、领先性，体现了站在人类文化高处规划办学的大智慧和大境界。

再来看浙江海亮教育集团的例子。海亮教育是著名的民营企业海亮集团旗下重要的经营品牌，海亮集团一直秉持“企业是社会的公器，对世界负有责任”的使命，同样，海亮教育也胸怀“为一大事来”的抱负，立足感恩和奉献，以广育天下英才为己任，以领跑中国私立教育为担当，以跻身国际教育舞台为追求，并已成功在纳斯达克上市，成为中国私立教育在此上市的第一家。基于这样的大格局和大境界，我以时代性和全球性为原则，上承海亮集团的使命，旁顾走在中国前列的民营教育集团，外观世界教育发展的大趋势，建构了一整套海亮教育哲学。它包括“海纳百川，亮泽天下”的核心理念、“服务社会，泽被后人”的办学使命、“培养情系祖国、胸怀全球、公正博爱、创新进取的现代公民”的育人目标、“心念大爱，行求致远”的校训、“赋创新智慧于生活，蕴精彩个性于生命”的教育理念等。开放的思维、精准的表达，助推学校文化品位获得极大的提升。

那么，“实”又是什么意思呢？我们说，“全”不等于天马行空、恣意无拘，我们的理念既要顶天，还得立地，就是要理解各理念条目的具体内涵，要实实在在地表达理念所应表达的内容，能让人理解，能让人落实到行动上。我这么说，实在是有感而发。我看过一些策划机构为学校提出的理念，这些机构有的大名鼎鼎，然而他们拿出来的许多东西却像玩“小清新”的文字游戏，或是如同自我灵感的随意释放，令人不知所云。比如某机构给某高中设计的愿景是“向着光明那方”。试问谁能明白这个“愿景”是什么意思？该如何追求它、实现它？让师生都去做向日葵跟着太阳走吗？再比如某著名教育智库给某初中设计的育人目标是“与人同辉，亦自己发光”。那么问题来了：按照这个目标培养，老师能搞清楚经过三年教育学生应该成为什么样的人吗？学生自己呢？他们能明白自己怎样才算合格的毕业生吗？翻看我这么多年来为学校所做的策划方案，随便拿出几个育人目标，比如“爱生活有品性，爱思考有个性，爱动手有灵性”，或者“丰富的学识，舒展的身心，自由的思想”，再或者“有灵魂、有学力、有创意的快乐小公民”……且不论这些内容好不好，至少它们是在实打实地表述育人目标。如果策划者连这一点都做不到，那就还需从理解办学理念的内涵做起，从提升业务水平做起。

第三组法则：精与美

所谓“精”，就是内容高度概括、高度聚焦，就是文字高度简练。我们很多学校在表述办学思想时都生怕有遗漏，生怕别人不明白，所以往往就全面铺陈、面面俱到。其实，学校表达自己的办学理念，就如同我们向别人作自我介绍，我们不可能说“我是人”、“我是活着的人”这种不言而喻的共性前提，要说的只是个人化的信息，要说“我是一个怎样的人”。同样，贯彻方针、实施素质教育、全面发展、培养接班人等，是对所有学校提出的共性要求，对每一所学校来说，这都是不言而喻的前提。学校要说的，应是本校最需要表达的、最具有个性的内容。南京鼓楼区科睿小学原先的育人目标是“良好的习惯、求真的精神、丰富的想象、尚美的情趣、健康的生活”。我们认为这个表述的确符合学校的办学特色和一贯追求，但同时也认为该内容还是属于“全面出击”式的，还可以再合并概括，使之更加精练，更加聚焦，以便于传播，便于人们记住，便于强化理解。于是我将上述内容进一步精简为“率性的生命力，丰富的想象力，尚美的表现力”，并且将它们确立为该校学生的核心素养。其中“率性的生命力”概括了先前“良好的习惯”和“健康的生活”，是对学生生命成长的理想状态的预期；“丰富的想象力”是对学生理想学习状态的预期；“尚美的表现力”则是对学生社会化成长、个性成长的理想状态的预期。我认为这三个方面足以体现对学生全面发展的校本化理解，同时简称为“三力”，也十分便于口口相传。

所谓“美”，既指语言内容的美，也指语言形式的美，因为美妙的语言更能打动人，更容易让人产生强烈的情感体验和心理向往，由此才更能彰显学校理念的效用。理念表达的首要功能自然是清晰准确地传达办学思想，但毫无“包装”的、一眼就看到底的表达，即便准确了，即便清晰了，也会因缺乏感染力、震撼力而减分。试比较某职业学校原先的“健全管理制度，增强管理效能”和我设计的“立本生道，执固运通”，哪个管理理念更耐人寻味？当然，也时常有人反映“不懂”，问题是你真是认真思考后的“不懂”吗？办学理念应该具有提升人们认识能力和文化品位的功能，而不是迁就一些人不积极动脑思考的惰性。所以我常把理念策划的理想状态称作欣赏“第二眼美女”——初看可能未必惊艳，但是越看越耐看，越品越有味。了解我的人评价我喜欢用排比、对仗等修辞手法作理念表述，那是因为我在努力追求理念表达的形式美，期望用美的语言让学校的理念能更有效传播、更彰显文化魅力。

我们再来看一下福建省闽侯县第三中学原先的办学方针："依法治校，依法治教，全面贯彻国家教育方针，实施素质教育，推进教育现代化，着眼于一切学生的发展，坚持和体现教育方针所确立的人才总目标和总要求，培养德、智、体、美、劳全面发展的适应二十一世纪现代化建设需要的社会主义事业建设者和接班人。"直言不讳地说，这样的表述中规中矩、四平八稳，虽然很直白地表达了学校想要表达的意思，但是这种面面俱到的说法既没有体现出该校教育的独特之处，冗长的文字更没打算让老师们去识记和践行。问题出在哪里？很重要的一点就是不精练，就是缺乏语言美感。后来，我根据调研所获得的信息，为闽侯三中提出了这样的学校使命："育志高气朗、宽基强能、自律担当的新型学子，创融故开来、文重科强、聚心享誉的新潮学园。"与学校原先的内容相比，这不仅仅是从 103 个字减到 36 个字那么简单，精简后的文字更有针对性，更有校本性，也更有语言魅力和感染性，它的精神力显然大大超越了过去。

前一讲我们聊了办学理念策划的内容，这一讲想强调的是，理念策划不仅仅是对若干理念项目的填充，不仅仅是回答学校文化"说什么"的问题，同时也要解决"怎么说"的问题。只有说得准、说得特、说得全、说得实、说得精、说得美，才易于让人识别并认同，才更有可能感染人、鼓舞人、征服人，使理念的文化力充分体现。

第四讲　办学理念策划的前期调研

工欲善其事，必先利其器。

——［春秋］孔子《论语·卫灵公》

这一讲我们就要进入办学理念的实际策划了。

完整策划流程

结合对学校文化战略策划的具体认识和实践经验，我认为：以校为本进行办学理念策划，完整的流程应包括筹备、调研、开发、立法、宣导、实施、评估等七个阶段。学校可根据自身情况作适当取舍或调整。

筹备阶段的工作以编制“办学理念策划项目指引”为目标。这个指引内容可包括：与学校文化建设相关的理论与概念的解读；理念策划领导小组、工作小组、专家（顾问）小组等人员构成；策划工作的原则、制度与策略；工作范畴；工作流程与进度表；经费预算和设备落实；等等。

调研阶段需确定调研的内容与形式，并具体实施。调研内容可包括：学校所处区域的政治经济社会文化环境、区域教育基本状况、周边同类学校状况、学校历史、学校建设实态、学校组织管理实态、师资状况、教育教学实态、生源实态等。调研形式可包括：文献研读、问卷调查、个别访谈、比较研究、PEST 分析、SWOT 分析等。根据调研结果，需形成调研报告，与“项目指引”一起作为今后理念建设的政策依据。

开发阶段是对办学理念进行策划，包括重建、更新或完善，并形成《办学理念手册（初稿）》。

立法阶段需要分别组织校领导、教师代表、校外相关行政与研究人员等对《办学理念手册（初稿）》进行论证，然后将该手册修订稿提交教代会表决通过。通过后的《办学理念手册》将是学校战略管理的最重要的制度之一。

宣导阶段就是发布和宣传新的办学理念。可分为对内培训和对外宣示两个部分展开。对内培训以形成全员认同为目的，形式有校媒宣传、各类报告会、演讲、案例演示、环境化等；对外宣示以形成震撼效应为目的，形式有新闻报道、教育教学推广、广告宣传、公关活动等。

实施阶段是将《办学理念手册》内容和要求逐步落实于办学实践当中。

评估阶段可在实施一定时间后进行。一是评估《办学理念手册》内容本身，看是否需要作一些微调；二是评估《办学理念手册》实施的效益，评估方法有社会民调、校内问访、绩效考核、田野观察、文献研读等。

这一讲主要针对上面的第一、第二个环节作介绍。古人云：“巧者善度，知（智）者善豫（预）。”办学理念策划中的“豫”，就是为理念策划作好充足的前期准备，以确保能够高质量完成策划任务。前期准备工作主要有二：一是筹备，目的是确立策划的组织程序与基本思路；二是调研，目的是把握学校的现实状态和确立策划的基本框架。

办学理念策划的筹备

筹备阶段的任务主要有：

第一，成立办学理念策划管理委员会，也可称专案委员会、项目管委会等。这个机构可由学校核心层成员、上级教育部门分管领导、专家顾问、学校特聘的合作策划方领导等组成。它的职能是统管办学理念策划的全程作业，是学校长期实施文化战略并实现预定目标的重要组织保障，所以这个管委会的成员构成必须具有代表性、统领性、创见性和稳定性。另设策划小组，由合作方专业策划人员和校内相关人员组成。

第二，认真学习学校文化相关理论及学校文化战略策划的原理和作业流程，进一步提升对此项工作重要意义的认识水准，厘清工作的整体思路。

第三，制定理念策划的有关制度、工作原则等，规划本校策划的内容范畴和重点。

第四，根据策划的工作量和学校实际运转的安排，规划整个策划任务的程序和时间进度，包括实施时间表、各阶段目标、参与人员、职责分工、成果物、阶段成果物审定方法、争议处理办法等。

上述所有议项，都应通过文本化的“项目指引”予以呈现。所谓《办学理念策划项目指引》，就是对本校的办学理念策划进行详尽的背景介绍和组织工作陈述，用以澄清和规范人们对此项目的认识，并指导项目执行、控制项目走向的文件。它的意义是显而易见的，所以必须对这个指引的编制给予高度重视。

在“项目指引”编制完成后，接下来的筹备工作就是为调研作规划。

这一阶段的工作主要有：确定调研项目、设计调研工具、拟定调研流程、与校方落实调研时间和人员安排等。

具体的调研实施

调研是进行办学理念策划最重要的基础性工作，目的是通过审视学校的历史底蕴、现实形态和未来规划，以及审视学校外部环境，提炼出具有校本性质的若干要素，以便有针对性地制定决策方向。这个过程执行的情况和结论将直接影响整个策划的质量。调研所掌握的信息越全面、越真实、越深入，就越有利于策划者量身定制出高度校本化的理念方案。

调研所采用的方法并没有一定之规，完全取决于策划者对学校的熟悉程度和具体诉求，当然也需考虑到学校方面的现实条件。一般来说，比较适用和常用的调研方法有文献研读、问卷调查、个别访谈、比较研究、PEST 分析和 SWOT 分析等。下面我来逐一介绍这些方法的运用。

1. 文献研读

文献研读是从事研究最常使用的方法之一，指的是分析研究各种有关文献资料，从中选取信息，以达到某种调查研究的目的。它所要解决的是如何在大量文献中选取适用于研究目标的资料，并对这些资料作出恰当的分析和使用。如果是校外的策划者对学校进行理念策划，那么研读相关文献应该是他们全面了解学校的首选方法。

因文献研读为的是对学校建立最初的印象，所以学校提供的文献应尽可能全面。可以这么说，凡与学校发展相关的所有文献都可以提供。以下是我经常会向学校索要的重点文献的目录，我列在这里供大家参考：

◎校史沿革资料；

◎宣传材料、校报校刊；

◎学校原有的办学理念；

◎校歌、校标；

◎发展过程中各种总结材料；

◎近三年来的学期总结报告；

◎近三年来学校中层以上管理人员的年度总结报告；

◎学校发展规划报告；

◎学校收集的奖励人员的名单和事迹等（包括学生）；

◎学校收集的教职工或学生对学校的意见和建议；

◎学校所做过的其他相关咨询的资料；

◎学校所收集的教职工和学生以及家长（公众）的调查资料；

◎组织结构图、部门以及岗位职责；

◎学校规章制度汇编；

◎学校的课程规划和校本课程教材；

◎近两年的招生计划；

◎近三年来学校毕业生走向的相关资料；

◎周边同层次学校的研究资料。

策划者在研读文献时，应大致梳理出学校发展的基本线索与文化特征，并就需进一步厘清和追问的问题列出提纲，以便在接下来的调研中寻找答案。

就我十多年的实践来说，文献研读是我了解学校最重要的手段，也是我作理念策划最倚重的信息来源。就以研读校史为例，浙江玉环市环山小学的定位“玉环首学”，就是我从该校将近300年的积淀、曾衍生出当地不少学校的历史沿革中受到的启发；重庆十八中的“新声精神”，就是我从该校1949年建校之初的校名“新声中学”借用过来的；我甚至通过研读当地史志，将南京江宁区湖熟中心小学的建校年份提前了九年！

2. 问卷调查

问卷调查适用于对教师、学生、家长进行面上的信息收集，它最大的优势就是能在短时间内调查很多对象，取得大量的资料，能对资料进行数量化处理，标准化程度高、收效快、经济省时。另外，问卷调查也是让广大调查对象从心理上接受、从行动上参与学校文化建设的一个有效举措。

因问卷调查涉及对象多，后期统计分析也比较繁复，所以问卷的设计除技术上的要求外，还需针对策划者最想了解的内容设问，以便尽可能达到预期效果。另外，如果问卷设计基本合理，各调查对象的回答基本可信，那么问卷调查的结果就应该作为策划办学理念的重要依据，因为它代表了真实的民意。

在 2005 年对四川德阳五中教师进行的问卷调查中，我发现该校干群关系问题比较突出，比如：认为学校领导经常听取下级意见的仅有 20%，认为偶尔能的超过了一半，达到 59%；认为学校内部上下级之间能经常交换意见的仅占 7%，偶尔能的占 56%，而认为从来不能的占到 21%；在教师与领导之间交流是否通畅这一问题上，有 30% 的教职工认为交流不很通畅或不通畅，另有近 15% 的教师令人费解地没有回答这道题。然而另一方面，有 84% 的教师认为学校最主要的竞争要素是师资能力，有 76% 的教师认为学校目前最主要的竞争优势是教师能力。这一调查结果，再加上访谈等信息佐证，让我深深地感到，德阳五中教师对自我发展的高期待和学校领导对教师有意无意地忽略，是阻碍学校发展的一个重要因素。于是，在后面的策划中，我专门提出了“全面激活教师智慧”的办学要略，在管理理念中也强调了“师本为前提”，设计“创新型学校”品牌定位时也特别建立了“开放型管理”和“发展型教师”两个维度。

在 2006 年对南京师大附属扬子中学师生的问卷调查作统计时

发现，该校有 36.9% 的学生对学校管理的评价是负面的，而教师对此的负面评价达到了 41.1%。管理的薄弱环节主要在哪些方面呢？综合教师的各项调查结果，我发现，34.8% 的教师认为是规章制度不够健全，32.4% 的教师认为管理部门的服务意识一般，25.8% 的教师认为管理方法上有失当，21.3% 的教师认为制度执行不力的现象时有发生。依据这些调研数据，我有针对性地给学校提出了“精诚、精心、精细、精进”的管理理念，其中精诚是前提、精心是保障、精细是手段、精进是目标，并具体提出了诸如“凡事有准则，凡事有程序，凡事有考评，凡事有负责”等十项管理信条。

3. 个别访谈

与面上的问卷调查相对应，个别访谈是以一对一的形式对校级领导、中层领导乃至师生代表等进行的对话交流，必要时还可以向学校上级主管领导进行咨询。它的优势在于更具有针对性，更能够深入捕捉到访谈对象真实的思想倾向与情感脉络，获取策划者最需要的第一手信息。但正因为这种形式需双方坦诚相见，就更需访谈者表现出专业素养，以必要的伦理规范和亲切态度与访谈对象真诚沟通，以保证访谈内容的真实、准确、有效。

访谈的方法可分为结构型访谈和非结构型访谈。结构型访谈是按事先定好的标准程序进行，通常是对所有访谈对象给出同样的、固定的问题；非结构型访谈指没有固定题目和标准化程序的自由交谈。一般来说，我更倾向于以半结构化方式进行交谈，也就是事先拟好部分提问要点，访谈过程中可以用这些问题为基本线索，穿插提出一些需追问或澄清的问题。以下是部分针对校级领导和中层领导的问题，可依据访谈对象的身份选择使用：

◎我们学校的优势有哪些？核心竞争力是什么？

◎本校的教学现状如何？有没有针对性的提升策略？

◎目前从内部说，学校在办学上感到最棘手的问题有哪些？

◎学校内部有没有得到广泛认同并值得称道的理念或价值观？

◎您认为学校最应该倡导什么样的价值观？

◎您期望本校的文化建设能为学校解决哪些问题？

◎你们有没有校本课程？您认为学校在执行新课程方面做得如何？

◎学校对教育科研重视吗？教师科研热情是否高涨？

◎如果由您来拟定学校的核心理念，您的答案是？

◎您对目前的教职工是否满意？理想的教职工是怎样的？

◎您认为教师的服务意识应体现在哪些方面？

◎请您介绍一下本校学生比较典型的价值倾向。

◎您对教育是如何理解的？请用简短的话语表述。

◎您觉得学校发展的理想状态是什么？

◎您个人的事业追求是什么？

◎学校的规章制度是否健全？是否有盲点或误区？制度执行的情况如何？

◎您认为什么样的领导才是能适应学校实情的优秀领导？

◎学校领导对我们学校文化的影响有多大？希望您可以举出实例。

◎学校是否创造出了一种自由讨论和言论自由的氛围？

◎学校对教职工持有怎样的观点和指导原则？

◎您在同外校接触的过程中，发现外校的哪些管理是优于我们的？

◎我校学生有明显的、整体的文化或价值倾向吗？如果有，是什么？

访谈中对关键的、重要的信息的捕捉是需要智慧的。在为全国课改名校南京东庐中学作理念策划时，我照例对相关人员进行了逐一访谈。在与陈康金校长交流中，我从陈校长的那句“学生要有灵气，教师要有锐气，这样学校才有生气”的表述中获得灵感，结合学校纯朴天然、怡情养性的东庐地域文化特色，再结合学校崇尚和谐、力求创生的哲学信念，结合他们一贯倡导的遵循规律的常态教学等，最终提出了“气法自然”的核心理念。

在对江苏省金湖县机关幼儿园干部和教师代表作访谈时，我了解到该园教师的平均年龄很小，能明显感受到他们身上那股青春的活力和敢于创新的朝气，了解到他们多年来一直以“爱”为办园宗旨，注重营造和谐的育人氛围。凭着访谈形成的鲜明印象，我最终将该园定位为“极具亲和力、成长力的县域品牌幼儿园”。

4. 比较研究

这里所说的“比较研究”，是指对策划对象周边一定范围内的同类型学校进行研究，了解它们的文化特征和整体发展态势，为策划目标学校办学理念的差异化、卓越化决策提供依据，也就是所谓的“知己知彼，百战不殆”。例如，我们在为江苏省张家港后塍高中进行文化策划时，就通过网络和其他途径了解了与该市相邻的常熟市、江阴市的一些著名高中，收集了这些学校的办学理念、办学特色等相关素材，同时逐一走访了张家港市的所有普通高中，最终形成了 1.7 万多字的“旁证”资料，为下一步的设计创造了良好的条件。在 2016 年同时为金湖县实验小学、城南实验小学和实验幼儿园、机关幼儿园作理念策划时，我很自然地利用了比较研究的方法，尽力将同区域内的两所小学、两所幼儿园区别开来，形成差异化方案。

5. PEST 分析

PEST 分析是近些年来一些组织在制定发展战略时较常使用的一种调研方法，指的是对组织宏观环境的分析。这其中，P 是英语 Political 的缩写，中文意思是“政治”，我根据教育的特性，从政治文明程度、政府与学校的关系、法律制度建设情况、区域教育发展概况几个方面来进行考察；E 是 Economic 的缩写，意思是“经济”，我把它具体化为市场经济概况、消费水平、就业形势三个指标；S 是 Social 的缩写，意思是“社会”，我从价值观、社区环境、人口构成、生活方式几个方面进行调研；T 是 Technological 的缩写，也就是“技术”，我把它分解为信息水平、教育硬件、教育科研水平等。我们知道，任何学校的发展都不可能脱离自身的地域环境，都需要与经济社会发展的节拍和文化风貌相契合，因此我们在分析学校所处的社会生态的时候，通常也可以从这四个因素来入手。它的作用在于审时度势，以便发现学校发展的机遇、确定学校的战略目标和避免外部变化带来的危机。

例如，在 2004 年为民办十二年制的张家港外国语学校作策划时，我们花了很大精力在政经社文等生态的调研分析上，从当时中国民办教育的发展态势到普及高中教育的形势，从长三角一体化发展前景到张家港市中长期发展规划，从当地城市产业结构变化到外来人口大量涌入的趋势等，为学校提供了非常详尽的文字分析材料，并据此建议学校尽早跳出张家港市的地理范围考虑发展问题，进行品牌扩张，建立精品办学的目标，为学校的可持续发展奠定良好基础。这些分析，都成为后来提出的学校愿景“做中国卓越的、有影响力的新型外国语学校”等理念的政策基础。

我在 2013 年为内蒙古鄂尔多斯生态环境职业学院进行办学理念策划时，也花了大量精力研究鄂尔多斯乃至整个内蒙古地区的经济发展状况，以及这种发展态势对当地职业教育前景的影响，同时也对当地的政治文明程度、民族风俗特征、行政运行体制等作了深入了解。这些信息都成为我规划学院办学定位、办学使命、发展愿景等的重要依据。

6.SWOT 分析

这也是组织建设常用的调研方法，就是根据组织自身条件进行分析，找出组织的优势、劣势及核心发展力。它包括内部和外部两类因素。其中内部因素是 S 和 W。S 是英语 Strength 的缩写，代表“优势”，指一个组织所特有的能提高核心发展力的方面；W 是 Weakness 的缩写，代表“劣势”，是指组织缺少的、做得不好的方面，或指某些会使组织处于劣势的条件。O 和 T 是外部因素。O 是 Opportunity 的缩写，代表“机会”，指组织发展面临的有利条件；T 是 Threat 的缩写，代表“威胁”，指可能影响到组织发展的不利因素。

学校在战略发展策划中引入 SWOT 分析模型，对学校内外部各方面条件进行综合考量，能够较为客观而准确地梳理、研究学校的现实情况，明确学校“能够做的”和“可能做的”等各种要素及其相互关系，从而为下一步的战略制定提供决策依据。当然需要强调的是，这种分析并非对各要素做广泛罗列，它的最后结论应是在对所有信息进行筛选提炼之后的最关键、最核心的内容。

我在对济南市一所中学进行策划调研时，就对这所学校的内部优势、劣势和外部机遇、挑战作了具体分析。

这个学校的优势是：领导班子团结协作意识强；教师有较强的敬业精神，整体业务水平较好；高考成绩的提升幅度较大；硬件建设发展迅速；办学思路比较清晰。

劣势是：学校组织体系不完善，部门合作意识欠缺；制度执行力度不足；教科研意识和水平欠缺；学生管理难度很大，教师对学生信心不足；缺乏对学校文化的提炼。

面临的机遇是：城市发展与教育行业的宏观形势有利于学校“借势”；社会对本校的认可度在逐渐提升；校友对学校支持力度大。

威胁是：现行招生政策导致整体生源素质很不理想；地域环境不利；学校的总体社会形象不太令人满意。

从以上 SWOT 分析可以看出，这所学校在发展过程中虽然问题多多甚至形势严峻，但发展潜力还是巨大的。所以必须正视现实，充分利用和放大自己的优势，及时抓住机遇，制定出合理的学校未来战略。

在对江苏张家港沙洲中学进行的调研中，我采取了更加深入细致的 SWOT 分析——

学校的主要优势有：（1）校内数十年来种植的树木比较多，绿色植被成了学校可利用的巨大文化资源；（2）在全市范围内有较大影响，在市外也有一定知名度和信誉；（3）高考质量和生源比较稳定，输出的人才层次较高；（4）综合抗风险能力较强；（5）教工整体素质较高。

学校主要的劣势有：（1）组织体系还不尽完善，缺乏有效的行动协调和信息沟通机制；（2）学校竞争能力相对单一，校外公众关系比较弱，主动建立正面形象的渠道和机会少；（3）教育教学设备相对落后；（4）教科研水平和学校整体实力不配套，在科研成果转化方面明显不足；（5）缺乏对学校历史和现实的文化提炼。

学校面临的主要机会有：（1）市委市政府的区域战略规划调整使学校在未来的中北部地区具备强优势，在其他地区也具备次优势；（2）张家港市对健康城市的战略决策将使沙洲中学有机会在区域内脱颖而出。

学校面临的主要威胁有：（1）从总体看，生源数量正在萎缩；（2）民办学校成长的速度及市场开放的程度将给本校带来威胁。

根据以上分析，我们不仅为学校量身定制了一整套针对性极强的办学理念，而且帮助学校制定了短期、中期、长期的发展战略：

短期战略——根据学校目前的外部环境和内部状况，我们认为学校在近期也就是一两年内的办学战略应该是：理顺并加强内部管理，保持并稳步提升目前的高考水平，重建教科研体制并使之贯穿于教育教学过程；初步形成学校独特的办学风格和理念，推出全新的学校形象，初步建立在苏南地区农村中学中的品牌信誉，加强学校内部的软硬件建设，使学校全员的学习和生活质量上一个台阶。

中期战略——在有效实施短期战略并取得明显成果的基础上规划中期发展，也就是 3 ～ 5 年间的发展计划：改变农村中学的地域劣势概念，利用地域特点和学校自身文化优势，增强实力，形成教学质量、品牌信息力、文化力三轴交叉并进的发展，初步实现学校的文化经营。战略目标是成为江苏省农村中学中最具影响力的学校之一。

长期战略——在有效实施中期战略并取得明显成果的基础上规划长远发展战略，也就是 5 ～ 10 年间的发展规划：利用已经具备的综合优势，对外扩大公共关系范围和宣传力度，造就巨大品牌效应，力图在国内同类学校中成为典型。

在各种调研工作结束，并对调研信息作分析和提炼之后，就要形成调研报告。调研报告是办学理念策划前期重要的阶段性成果。为充分体现调研的价值，调研报告的撰写必须遵循这几个基本原则：一是综合性，就是对先前所有调研工作进行全面总结概括；二是客观性，要“原生态”地呈现调研信息，不掺杂调研者的主观情绪或意愿；三是提示性，为下一步工作提出思路和建议。

由于调研报告的内容可能涉及学校的一些负面信息，也可能会涉及某些调查对象的个人观点，所以这份报告应被列为“核心机密”，除办学理念策划管理委员会和策划小组成员之外，原则上不向其他人员透露相关内容。

第五讲　核心理念策划

言近而指远者，善言也；守约而施博者，善道也。

——［战国］孟子《孟子·尽心下》

这一讲专门谈核心理念策划的原理和思路，它属于办学理念的“本体观”，就是指从学校生活中发现和形成的，对本校存在与发展最基本、最根本的前提的认识，它要回答的是我们学校所有的办学思想和办学行为“依据什么”的问题。

核心理念策划原理

在 CIS 企业识别系统的 MI 理念识别中，核心理念是常见的一个概念，但在本世纪初，我将 CIS 应用于学校文化建设中时，并未发现有将核心理念作为企业文化建设的逻辑起点来塑造的案例。

一种理论需要有逻辑起点作为“红线”来贯穿和统领，一个学校的理念体系及其学校发展的实践同样也需要它。而既然被称作核心理念，就“核心”的要义，这个理念当然地要成为这样的“红线”。但在学习借鉴 CIS 模式时，我并没有发现它的理念体系中有这样的存在，那时的企业 MI 策划实践中，作为最高位追求的条

小贴士

什么是逻辑起点？

所谓逻辑起点，原指理论的起始范畴，往往以起始概念的形式来表现。它必须具备以下四个要件：第一，有一个最基本、最简单的质的规定；第二，是构成该理论的研究对象之基本单位；第三，其内涵贯穿于理论发展全过程；第四，其范畴有助于形成完整的科学理论体系。

——引自吴鸿雅《朱载堉新法密率的科学抽象和逻辑证明研究》，2004 年第 10 期《自然辩证法研究》

目，要么是企业使命，要么是企业愿景，要么是企业精神，总之各个企业既不统一，也没有有意识地将最高位内容的精髓贯穿于整个理念的设计。这不能不说是它的一个缺憾。于是我在研究和组建学校理念框架时，创造性地把核心理念提到了办学逻辑起点的高度来建构。

什么是教育话语体系中的核心理念？文献研究发现，虽然教育研究者和实践者对这个概念的使用十分频繁，但真正从学理上对它进行探讨和界定的却极少。曾有人认为核心理念反映学校的价值取向和目标追求，是学校教育思想和教育模式的哲学概括，它凝练而鲜明地回答了一所学校“举什么旗”、“走什么路”、“办什么校”、“育什么人”的根本问题。我认为这个阐释相对比较准确，但似乎还是有点宽泛，还没挠到最痒处。根据前面谈到的对于核心理念在学校理念体系中的地位的思考，我认为核心理念是学校教育教学与管理服务活动的最高指导思想与最根本的价值追求，是贯穿于所有办学理念、办学行为和环境建设的质的规定，是学校文化的灵魂。

我认为，一个理念要成为学校发展的“核心”，关键是必须具备以下这些基本要素：

一是本质性，就是能对办学思想进行最抽象、最深刻的概括。组织文化研究的代表性人物沙因认为，居于文化最深层的是“假设”，所有价值观以及行为和生活方式都建立在这个假设之上。比如儒家思想就是基于“性本善”的假设，所以孔子才建立了“仁学”，才倡导要“爱人”、“立人”、“达人”；基督教文化则是基于“原罪人”的假设，认为人生来就有罪，所以只有活着的时候乐善好施、赎清自身的所有罪过，死后才能升入天堂。这里的“假设”就可以理解为各自文化的本质。以学校为例，有的学校认为学生时代应是一段快乐的旅程，有的学校则认为读书改变命运，仍然保持“吃得苦中苦，方为人上人”的思想，于是在对教育本质不同的假设之下，学校的办学思想乃至整个办学行为方式都会体现出不同的形态。

二是适切性，就是契合学校办学的传统、实态和愿景。我前面反复谈到过这一点，这是学校文化设计的生命线，自然也成为核心理念策划必需的条件。核心理念一定是为各自学校量身定制的，一定要符合这个学校的办学属性、传统积淀、文化气质、发展方向等。就以语言表述的风格来说，比如一所历史老校，其核心理念就要体现出厚重感；高中或职校的核心理念就不宜像小学那样过于“小清新”。至于内涵，那更必须在本校的文化土壤里筛选、凝练和表述。如今有少数文化设计公司向不同的学校兜售相同或相似的理念，一套方案能卖几家，这是很不负责任的行为。“适切性”意味着，学校核心理念策划只能是一对一的“手工活”，不可能批量生产，更不可能搞“批发”。这一点尤其希望引入设计公司的校长们注意甄别。

三是差异性，就是具备异于其他学校的独特表达。前面的“适切性”是从学校自身来说的，这里的“差异性”是从学校之间的比较来说的。理论上说，追求了本质性和适切性，自然就会形成差异性，但事实却并非如此，纵观如今的学校理念，说句不客气的话，人云亦云、说“普通话”的现象不在少数。你可能觉得“和谐”、“创新”或“止于至善”是自己学校最本质的追求，但当某一天你突然发现原来有那么多学校都在呼喊着“和谐”、“创新”或“止于至善”时，你将有何感受？会作何考虑、作何选择？在万绿丛中寻找一棵树何其之难，但若要从中寻找一朵红花，结果将会怎样？差异性就意味着，我们的核心理念必须说与众不同的“方言”，只有你这个学校文化的“魂”足够“特”，在它贯穿下的理念体系才可能更具有校本特征。

四是统领性，就是能覆盖学校工作的所有方面。这个道理很简单，你的核心理念要想领导学校的所有工作，你就必须让它有最大的外延，有最大的包容性。比如有学校提出“为学生终身幸福奠基”这类口号，假设你将它作为学校最高的价值追求，那它在“统领性”方面显然就有问题了。且不说这个口号只注重未来而忽略了当下，单就教师在其中缺位这一点，便十分不妥。我们不去争论在学校发展中教师和学生究竟谁是第一位、谁是第二位，教师发展本身也应该是学校发展的目的，而不仅仅是学生发展的前提、条件、手段和工具。在这里，真正具备统领性要素的理念应该着眼于师生的共同发展。

五是超越性，就是能够成为脱离时间束缚的“永恒”存在。虽说我们也知道“变化是这个时代唯一恒久不变的东西”，也知道文化的延续性有时也可能表现为滞后性，但核心理念作为学校的文化基因，在理论上说应该是贯穿学校始终的，所以我们期望它能够相对稳定，能够长期统领与支撑办学行为。例如儒家思想自孔子以来不断演化，包括程朱理学，包括阳明心学，包括当代儒学，但它的核心“仁”字始终没变，只是不同时代对它有不同的理解而已。我们可以随着实践和认识的深化去不断对学校核心理念进行新的解读，去丰富它的内涵，不断给它注入时代的活力，以确保它在延续的基础上有效发展。

学校文化的生命力究竟体现在哪里？就体现在它深刻的、丰富的、独特的战略个性。而要建立起这种战略个性，最首要、最重要的工作，如果用两个字来概括，那就是“招魂”，就是确立鲜明而校本化的核心理念。只要我们真正确立了科学的核心理念，并把它作为贯穿学校所有办学思想的红线，再加上行为系统的完全跟进，加上物质形态的完美展现，使办学的理念、行为和环境建设形成由核心理念统领的“价值链”，一个完整的、环环相扣的“价值链”，那么学校文化就必定具备鲜明的战略个性，从而使学校文化力大大提升，使办学的综合水平大大提高。甚至可以这么说，核心理念的确立，是整个学校文化战略策划中最核心、最重要的工作。

核心理念既是对学校所有办学思想的最本质的抽象，同时它也是一个具体的概念，也就是说它可能是一两个词组、一两个词甚至只有一个字。这里顺便说一下，为什么要将核心理念表述为概念，而不是一个判断短句或者一段文字。因为逻辑学上有一个基本定理：内涵越大，外延越小；反之，内涵越小，外延就越大。我们前面才说到统领性的问题，如果用短句或句组，要表达的内涵就增加了，那么它的涵盖面就可能受到影响；要体现出最广泛的统领性，要进行最本质的概括，最好的表述方式就是用概念，就是用词或词组。

核心理念策划思路

将抽象本质概念化，是核心理念策划的关键环节。根据多年的策划经验，我梳理了几条策划思路，我们可以通过这些路径来逐渐明晰和聚焦这个“概念”。

1. 从办学特色升华核心理念

办学特色就是指学校在办学过程中形成的那种独特的、稳定的、被社会认可的教育风格，它往往既包含校长的办学思想，又凝聚着教师的智慧和力量；既体现了学校教育的某种优势，又表现出学校特有的文化气息。许多学校在长期的办学实践中逐渐形成了鲜明的办学特色，并且这些特色在一定程度上成为学校对内凝聚人心、对外重点宣传的文化符号，成为支撑学校发展的核心动力。核心理念的确立就可以从提炼办学特色的哲学内涵入手，将“形而下”的实践进行“形而上”的抽象，再把抽象化的概念还原到学校工作的所有领域，确立为立校的基础，确立为育人的根本和事业的理想。

我们先来看这个例子——

◇南京市田家炳高级中学核心理念：创生。

南京市田家炳高级中学经多年努力和积淀，形成了以科学教育为特色的办学优势，他们的教育因锐意创化而精辟，他们的学生因执意创思而精彩，科技新秀层出不穷、发明创造硕果累累，成为学校独特而耀眼的人文风景，成为远近闻名的办学特色。

我们认为这种学校个性就是创生的个性。据此，我为学校提出了“创生”的核心理念，并且通过阐释，帮助学校奠定了这一理念的教育哲学基础：“西汉哲学家扬雄在其哲学论著《太玄》中说：‘夫道有因有循，有革有化。因而循之，与道神之；革而化之，与时宜之。故因而能革，天道乃得；革而能因，天道乃驯。夫物不因不生，不革不成。’这个因循规律而万物变生、锐意革新而诸事竟成的道理，我们便可理解为‘创生’。真正的教育不只是传授知识，也不只是赠与谋生技能，而是开创受教育者的生命力，就是使人达成开放的、可自我完善的、可持续发展的智慧结构与生命状态。从这个意义上讲，教育的本质就是‘创生’。创新的时代，需要创生的教育。以新课程改革为标志的教育改革，其中心思想就是要教会学生学习，使他们通过建立终身学习的信念和养成终身学习的能力，来获得自身的可持续发展。要完成这一使命，就必须以不断创生的教育激情去开启学生个体的全部生命力，以达成终身的自我维新。……”经过如此提炼，学校原先实态性的科学教育特色便有了高度凝练的哲学界定，并且这一哲学思想又成为学校指导所有办学理念和行为的指针。

这是从科学教育特色升华核心理念的例子。我们再来看一个从国粹京剧特色升华核心理念的案例——

◇江苏省金湖县城南实验小学核心理念：养粹。

若干年来，学校以“京韵润校园”作为特色文化建设项目，准确契合政策导向，有效利用本土资源，系统搭建活动平台，扎实开展实践探索，不但学京剧、懂京剧、宣传京剧成为该校学生的学习常态，还带动了国学、经典诵读等传统文化类校本课程的开发。从这种特色化办学中提炼出“养粹”的核心理念，可谓恰如其分。粹，意味着立足根本、抱朴守一、精益求精。养粹，既指文化传统、国粹精义在学校文化基因中凸显光大，又指建规立范、砥砺德行在学校教育实态中的处处彰显。养粹不仅是一种重视传承的态度，更是一种相伴花开的温度。

接下来再看一个从情感教育特色升华核心理念的例子——

◇南京信息工程大学附属实验小学核心理念：澄心。

“澄心”原意为清心、静心，语出《文子·上义》“澄心清意以存之”一句。自宋代以后，理学家们多注重心学研究，于是赋予了澄心特定的内涵，将其当作治学修道所追求的高尚境界。心者，情感之所居、智慧之所寄、精神之所在。因此，只有澄心，方能情感纯净，进而养性命、率兴致；只有澄心，方能智慧纯明，进而察天理、识世情；只有澄心，方能精神纯粹，进而明人伦、遵道义。该校多年来倡导和践行以情感教育为切入点的素质教育，致力于以情化人，使学生的心智在情感陶冶中得以丰富和升华，从而更好地学会学习，学会做人。情感教育早已成为该校远近闻名的办学特色。这种特色追求与“澄心”的理念在本质上是一脉相承的。推而广之，“澄心”已成为该校教育教学行为的一种客观标准，成为广大教师的价值追求，成为学校的文化基因。因而“澄心”可以看作是学校对教育方针和教育使命的校本化表达。

2. 从历史传统凝练核心理念

如今在不少学校，历史传统仅停留在文字层面或制作成展板供人参观，并没有进入学校领导的办学思维，没有被当作学校发展的重要资源，因而就谈不上深入研读和分析历史上的办学理念、办学实践的经验，更谈不上有效借鉴传统精华为学校现在的发展服务。我们必须认识到，每所学校都不可能绝对自由地存在，我们对学校如今的价值观念和行为方式的认识，有着一个摆脱不掉的前提，那就是历史传统。一切对办学现状的解读，只能也必须在这一前提下进行，否则就可能走向历史虚无主义。正因为每所学校都有唯一一段属于自己的历史，所以学校的文化与发展脉络都有各自的“图谱”。意大利历史哲学家克罗齐的那个“一切历史都是当代史”的著名命题告诉我们，真正的历史不仅仅是曾经发生的事件，而且是后人对它的体验、理解和解释。因此，学校要发展，就必须准确解读自己的文化图谱，并创造性地将它作为未来发展的核心依据。

先看看这所中学的案例——

◇安徽省固镇县第二中学核心理念：励志崇实。

1973年建校的固镇二中于低谷中起步，凭着脚踏实地、负重爬坡的实干精神，历经多年艰苦努力，通过内在活力的不断激发，得以频频超越自我、执著向上，实现了办学绩效的持续攀升乃至综合实力的不断提升。尤其自2008年经集资易地重建后，学校面貌焕然一新，各项现代化教育设施渐趋完备，校园环境舒适优美，为学校实现新的腾飞创造了极其优越的物质条件。针对实地调研给我留下的深刻印象，我觉得以“牛”的精神来指代学校的历史特征十分妥帖，恰好1973年又是农历牛年。于是，从“孺子牛”的隐喻出发，结合学校的现实诉求，我提出了“励志崇实”的核心理念。学子要想成人成才，最根本的就是树立远大志向，最基本的就是夯实学业根基；同样，学校要想成功圆梦，也必须以励志为本，以崇实为基。因为励志，在精神上便有不竭动力，便能自信自强，一路高歌；因为崇实，在事业上便有深厚功力，便能坚忍不拔，一往无前。

这是一个幼儿园的案例——

◇江苏省金湖县机关幼儿园核心理念：循于爱，臻于品。

金湖县机关幼儿园很多年前就提出了“教育的本质就是爱”的

理念，倡导一切教育思想以爱为起点，一切教育行为以爱为原则，可以说“爱”已成为该园多年来的传统。但我在与该园沟通时，由高尔基的一句话“爱孩子是连母鸡都会做的事情”引发了大家的讨论，并得出结论：教育之爱不是本能的爱，不是无目的、无原则的爱，爱只是教育的路径，品才是教育的追求。由此我最终为该园提出了“循于爱，臻于品”的核心理念。“循于爱”是该园教育主张的凝练表达，也是必须坚持的行动纲领与操作准则；“臻于品”是该园发展目标的精确描述，也是必须追求的内在价值与外部表征。爱是全部工作的出发点，品是所有工作的落脚点，必须通过对“品”的把握、检验与追求，来反思、评价“爱”的智慧性和卓越性。

有人搞不太清楚，问我前面说的办学特色与这里说的历史传统该如何区分，其实很好办，如果把学校比作一个人，办学特色就好比这个人的一技之长，你擅长拳术，他会拉二胡或唱民歌，等等；历史传统就好比这个人的性格特征，是开朗还是文静，是刚毅还是灵动。办学特色往往会聚焦于某个文化标志，如前面案例中的科学教育、京剧教育、情感教育，它是办学的亮点；历史传统则有一定的弥散性，体现为学校整体的气质特征。

——请务必记住，这两个方面是提炼核心理念最基本的首选思路。

3. 从校名意蕴生发核心理念

校名是人的创造物，也是学校的遗产，体现出特有的历史烙印和精神内涵，先入为主的校名往往铸就了学校的文化基因。有的学校的校名本身就富有文化底蕴和教育含义，是这些学校可遇不可求的宝贵财富，我们必须深入到校名的背后去探寻和感受它的价值，必要时还可直接利用这种价值，让隐性的资源显性化。

从校名意蕴中生发核心理念，一般有三种思路。

第一种，直接引用现校名，如这两个案例——

◇上海市奉贤区曙光中学核心理念：沐曙光，循大道。

曙光中学始创于1927年，由中共早期党员、革命烈士李主一等老一辈革命家创办，是中共奉贤第一个党支部和奉贤县委的诞生地，是奉贤革命的红色摇篮。学校建校伊始即命名为“曙光”，寄寓了老一辈革命家寻求国家和民族美好未来的理想。这份理想在曙光中学代代传承，并始终闪耀着熠熠光辉。站在历史、现实与未来的结合点上，我们敬仰革命先辈的光辉思想，弘扬学校的光荣传统，潜心探求办学之道、为师之道、成才之道，将先辈前贤在曙光这块圣地上播撒的阳光铺展成无限的灿烂。由此，我们自然形成了这样的核心理念：沐曙光，循大道。

◇浙江海亮教育集团核心理念：海纳百川，亮泽天下。

海纳百川是一种胸襟和胆识，是自我奋进的意识和自我超越的气度。为求后来居上、快速发展，海亮教育人以宽阔的胸襟广揽俊彦、博采贤智，并以崇高的教育理想和使命感为动力，高瞻远瞩、凝神聚力、拼搏进取，从而实现了学校的跨越发展。

亮泽天下表达了有志之士报国济民的情怀。海亮教育人着眼于大格局和大境界，以广育天下英才为己任，以领跑中国私立教育为担当，以跻身国际教育舞台为追求，勇立潮头，行者无疆。“海纳百川，亮泽天下”是海亮教育哲学的最本质、最抽象的概括，是学校生存与发展最重要的法宝。以它为指针，于学生便意味着必须追求学识的厚度与志向的高度，于教师便意味着必须追求专业的深度与胸怀的广度，于学校便意味着必须追求质量的精度与文化的大度。

从校名意蕴生发核心理念的第二种情况，是巧妙借用学校的曾用名——

◇江苏省宜兴市实验中学核心理念：精进。

宜兴市实验中学最初是江苏省宜兴中学的初中部，于2000年成为独立办学的法人机构。宜兴中学成立于1928年，初名为精一学社。“精一”典出《尚书·大禹谟》“人心惟危，道心惟微；惟精惟一，允执厥中”，意为用功精深、用心专一。学校创办者以此命名，自然是寄托了独特的办学理想。这是学校文化的DNA，是学校极好的历史资源和教育资源。宜兴市实验中学虽然与宜兴中学同出一源，但毕竟已分流独立，况且宜兴中学还一直沿用着“惟精惟一”的校训，所以在确定自身核心理念时不宜再直接搬用“精一”的文化符号。

于是，经过认真思考和沟通，我为学校提出了“精进”的哲学思想。“精进”之于“精一”，它所蕴含的变与不变、传承与创新的统一，一方面是为了体现历史自觉，是对优秀办学传统的文化体认，表明学校始终铭记着自己“从哪里来”；另一方面内含理想追求的精神导向，是对未来发展思路的文化启蒙。因为历史自觉本身就孕育着创造的种子，它会引导办学者以发展的眼光，结合过去和现在的追求，为未来的文化建设确定一个新的起点。从这个意义上讲，我们对学校“精一”历史传统的审视，就是为学校的现实发展寻找坐标，我们读懂了历史，我们也就把握了现实和未来，继承本身就成了创新。

◇南京市第十二中学核心理念：尊道益智。

该校由1917年创办的益智小学和1942年命名的道胜中学发展而来，在百年的发展历程中，“智”与“道”已成为学校的文化内核，对“智”与“道”的追崇已成为学校的文化传统。因而“尊道”与“益智”，可以看作是对我国当代教育方针和学校使命的校本化表达。如今明确提出以“尊道益智”作为该校核心理念，也是为了以此为新的起点，凝聚全校师生心力，全力打造学校战略个性，争取尽早实现“文化兴校”的愿景。

从曾用名生发出核心理念的案例还有：江苏省建湖县上冈高级中学的核心理念“鸿文”，它是该校 1931 年创办时的校名；江苏省张家港后塍高级中学的核心理念“崇真”则是源于该校 1938 年建校时的校名“崇真学堂”。

除直接引用现校名和巧妙借用学校曾用名外，还有第三种设计思路，就是拓展校名的引申义——

◇南京市花港第一小学核心理念：积学尽善。

这是一所为保障房社区配套的新建校，没有传统可以继承，没有周边的文化资源可以借鉴，于是学校用校名中的“花”字做文章，提出了“静待花开”的理念。但是我认为这个说法已有很多同行在用，缺少差异性，更重要的是它没有体现出新建学校积极进取的教育精神。由此，我想起了宋代刘清之《戒子通录》卷六中的一句话：“养子弟如养芝兰，既积学以培植之，又积善以滋润之。”刘清之认为，培养后生就像种植名贵的芝兰花草一样，都需要通过积学和积善的方式来促进其生长。这里“花”与“教育”的隐喻如此相通，可谓珠联璧合。于是，我顺理成章地为学校提出了“积学尽善”的核心理念。

◇南京市伯乐中学核心理念：养智达贤。

伯乐相马的典故为人们所熟知。“使骥不得伯乐，安得千里之足”、“世有伯乐，然后有千里马”。世人把善于发现、推荐、培养和使用人才的人称为伯乐，伯乐也因此成为中华民族鼓励人才脱颖而出的文化标志。伯乐相马，体现的是识才的智慧，是举贤的气度——我们提炼出“伯乐”校名所蕴含的这种教育意义，并结合学校多年来的一贯追求，最终确立了“养智达贤”的核心理念。

纵观如今国内学校的核心理念设计，我发现但凡校名稍微有点名堂的，都喜欢在校名上做文章，于是很多时候就演变成了围绕校名的文字游戏，而不论形成的文字与学校的文化性格和历史文脉是否契合。比如某地有个翠湖小学，由两所艺体特色比较鲜明的村小合并而成，合并时借用了附近的一个翠湖地名当作校名。假如设计者简单地望校名而生义，“自然而然”地围绕绿色教育或水文化做文章，那么搞出来的东西肯定会“水土不服”的。所以，虽然我也会借用校名，但我的基本主张是：不到非用不可时，我们还是要慎用校名做文章。

4. 从地缘文化演绎核心理念

文化学中有一个分支叫地缘文化学，是从局部地理、环境关系及其引起的社会、文化差异与因缘关联，探讨区域文化特征与发展规律的一门学问。因文化具有与生俱来的地缘性特征，因此学校在自身文化演进中就不可避免地打上了鲜明的地域烙印。例如，南京是六朝古都、十朝都会，是南北文化、吴楚文化、海陆文化的交汇地，历来人杰地灵、文教兴盛，积两千多年建城史的沧桑变迁，形成了博厚、开放、包容的城市性格。我在研究南京百年学校发展史的时候，深刻感受到历史老校的发展与南京城市发展的命运息息相关、相得益彰，学校在百年沿革中形成了自身特有的家国之爱、民生之念、改革之志等传统文化精神。

从这一规律出发，借助地域文化特征来提炼学校文化核心，便成为一个可选的思路。下面的三个案例，第一个借助的是当地的自然特性，第二个借助的是当地的人文特性，第三个借助的是当地的历史名人——

◇南京市高淳区湖滨高级中学核心理念：上善若水。

高淳区原为县制，于2013年初撤县设区。这片水土曾被乾隆皇帝誉为“江南圣地”，是世界慢城联盟授予的国际慢城，是国家园林县城、中国最佳生态休闲旅游名县、首批国家级生态示范区。区域全境为固城湖、石臼湖和水阳江所环抱，26万亩优质水面产大量螃蟹、银鱼、珍珠等名特优水产品及各种水生蔬菜，素有“日出斗金、日落斗银”的江南鱼米之乡的美誉。

湖滨高中于2006年邀请我作文化策划时，建校刚满一年，没有传统、底蕴等可供挖掘提炼。于是我便从高淳鲜明的地缘文化入手，提出了“上善若水”的核心理念。在中国古代天人合一的文化观念中，“水”被赋予了极为丰富的人文内涵，成为先贤圣哲阐述各自哲学思想和价值观念的最重要的载体。他们或以水喻事，或凭水寄情，或借水明志，“水”为古代智者提供了丰富的思想源泉，智者也开发了“水”无穷的文化矿藏，营造出波澜壮阔的“水文化”景象，为后世留下了丰厚的思想瑰宝。“上善若水”既是老子人生哲学的总纲，也成为先哲们“以水比德”最著名的经典，成为中国源远流长的“水文化”的最崇高的代表。并且，从教育理想出发，我们还具体阐发了水所具有的博大、齐心、谦和、通灵、坚韧等德性。确立“上善若水”的核心理念，不仅契合高淳地域文化特征与该校校名，也是为了在今后的校园中营造“若水文化”，弘扬“若水精神”，追求“若水境界”，从而树立起鲜明的学校文化个性，最终建成“上善”之校。

◇江苏省苏州工业园区第六中学核心理念：美美与共。

苏州工业园区第六中学位于该区胜浦镇，这里被誉为“吴淞文化的历史冰箱”、“吴淞文化的活化石”，是典型的“江南吴淞文化沉积区”，保留着诸多吴淞文化的原生态形式，内容丰富，特色鲜明。2009 年 6 月，胜浦镇申报的俗称“胜浦三宝”的水乡服饰、山歌、宣卷入选江苏省第一批非物质文化遗产名录。学校是社区的组成部分，且是社区的文化高地，学校在为国家民族育人的同时，也在致力于区域内的精神文明建设，承担着传承、光大地域文化的神圣职责，并从中获取丰富而独特的教育资源为自身发展服务。这种校园文明和社会文明互通互动的价值追求，就是学校与社区的“精神互美”。

基于这种基本思考，再加上我们对“美”的教育意涵的深入理解，最终我们将“美美与共”确定为学校的核心理念。“美美与共”出自苏州籍社会学大师费孝通先生对其文化自觉理论内涵的阐释，倡导不同的文化与文明应互相尊重、包容和借鉴，从而实现异质文化的相辅相成、相得益彰，以达共同繁荣发展之目的。在教育诉求和办学主张的思路中，我们认为“美美与共”是促进本校发展的和谐之道、融通之道、共生之道。

◇江苏省苏州市相城区湘城小学核心理念：美润方圆。

湘城小学位于明代吴门画派创始人沈周的故里。沈周先生因诗书画一体的创作风格，因光大了“融南入北”的文人画传统，在中国美术史上占有独特而重要的地位，他的艺术价值可以最凝练、最抽象、最本质地概括为一个“美”字。

沈周文化作为本区域民众高度认同、深刻浸染、世代相传的地缘文化象征，自然也成为湘城小学生生不息的文化源泉，成为学校文化建设的核心要素和基本底色。多年来，学校在注重学生全面发展的基础上，一直追求艺体办学特色，它们所彰显的艺术美、健康美的价值追求，已成为学校鲜明的文化符号，也成为对沈周文化积极传承与深度互动的最好佐证。

从学校所在区域的历史名人、传说掌故、自然名胜等借势，也成为许多策划者特别爱用的招数，以致有的策划者不把心思放在对学校本身历史和传统的挖掘分析上，只热衷于询问周边有什么山什么水，有什么故事什么人物，甚至人还没到学校，已经通过网络搜索当地的史地资料而“搞定”了学校的核心思想。我们说，一方水土的确可能滋养一方学校的文化性格，但学校文化最核心的灵魂的形成，一定是受多方因素综合决定的，尤其不能忽略学校内部的决定性因素。即便我们最终从地缘文化演绎核心理念，也必须是对学校内外部各种因素完整分析之后的最佳选择。

5. 从学校属性生成核心理念

这里所说的学校属性，主要指某一类学校以它固有的规定性而区别于其他类型学校的特性。每所学校除了有建立在自身发展基础上所形成的历史特征以外，还有因为学校性质不同而表现出的类型特征，如职业学校、特殊教育学校、民办学校、男校或女校、外国语学校、民族学校或民汉合一学校、寄宿制学校等，都有一些自己特有而其他类型学校所不具备的独特性。以这种独特性作为核心理念的思考维度，有时也会打开另一番局面。比如我在第三讲当中说到的张家港外国语学校，我依据该校的独特属性，以兼具中国传统文化和西方当代文化精髓的“和”字作为核心理念；再比如新疆克拉玛依准东一小是一所民汉合校小学，于是我为学校提出了“惟和惟一”的核心理念，以表达学校师生拥护民族和睦团结、保护民族文化个性、维护国家统一稳定的愿望与决心。

接下来再来看看这两所学校。虽说同属职业学校，但因后者又多了女校属性，策划核心理念的出发点便有些许差异——

◇浙江省长兴县职业技术教育中心学校核心理念：厚生。

作为国家级重点中等职校，作为长三角重要的“蓝领”人才培养基地之一，长兴职教中心立志为繁荣区域经济而办学，为丰富民生而办学，为提升师生生命品质而办学。这一崇高的教育使命，可以最简洁、最准确、最直观地概括为——“厚生”。厚生源自大禹的民本思想，有“厚报民生”之意。教育是社会发展的基石，职业教育因为直接服务于社会经济而成为“基石”的中坚力量。因而只有坚守以民为本的价值取向，才能充分彰显职业教育的本质特征，充分体现职业学校在地方经济与社会发展中的重要地位。总之，“厚生”理念表达了学校经世济民的办学志向，既有职业教育的鲜明特征，又有浓厚的人文情怀。

◇甘肃省兰州市女子中等专业学校核心理念：自信、尚美。

职业教育首先要解决的就是帮助由于中考失利而自信心缺失的学生找回自信，树立信心，进而使他们形成自觉，完善自我，成为社会的有用之才。

基于这样的考虑，学校确定了“自信”的核心理念。但在征询我意见时，我认为，这仅体现了职业学校的一般性特征，而作为以艺术为重要专业特色的女子学校，我们的理念还必须体现学校的这种本质属性。于是我提议增加“尚美”二字。苏霍姆林斯基说过：“美是道德纯洁、精神丰富和体魄健全的强大源泉。”自信是立身之本，尚美是修身之源，两者结合，形成了具有女子中等职业教育特色的文化，体现了较为完整的办学追求。所以，该校最终确定的核心理念就是“自信、尚美”。

6. 从发展契机确立核心理念

社会提供给学校发展的资源往往是有限的，影响学校发展的内部和外部条件也是变化不定的，机遇可以说是稍纵即逝。学校当然不能坐等机会的降临，而要主动争取更多的资源和机会，而争取的结果如何，很大程度上又取决于对机遇的把握程度。我们发现在学校发展从量变到质变之间，往往都存在着一个关键的历史时刻，不妨称之为学校发展的“节点”。由于内外部各种条件的高度耦合，在这个节点上付出的主观努力会得到巨大的回报。可以说，抓住节点，节点就是起点和亮点，迎来的就是学校发展的黄金期。“天与弗取，反受其咎；时至不行，反受其殃”，说的就是这个道理。有的学校亟待通过引入新的活力来促进发展，这时选择和把握什么样的机遇，并从中获取和确立什么样的价值观，或许就成为学校转型发展的关键。

◇南京市燕子矶中学核心理念：协进。

燕子矶中学原是区域内的老牌名校，但由于教学质量滑坡而在很长一段时期处于低迷状态。2005年，上级教育行政部门在广泛物色、挑选的基础上，从外地引进了一位优秀校长。该校长运用“非常规”方式，在短期内使学校的教学水平有了很大提高。下一步要考虑的是，如何通过内涵提升来促进学校可持续发展。经对学校现状的对比分析，我认为广大教师的凝聚力和工作动力是该校发展的最重要因素，加之受该校正在研究的“教研组建设”和“青年教师发展”两个省级立项课题所蕴含的团结上进精神的启发，我提议用“协进”二字作为学校未来发展的核心价值追求，并从师生协进、干群协进、家校协进、（学）校（社）区协进等维度展开创新实践，从而形成多方凝聚力量共同促进学校发展的态势。其后的实践表明，“协进”理念的确为加速学校发展起到了至关重要的作用，协进文化已在该校蔚然成风。

◇重庆市第十八中学核心理念：树本砺新。

重庆十八中学多年来励精图治，拼搏进取，使原本一所很普通的学校跻身全市优质品牌强校之列，社会评价学校创造了重庆基础教育领域的“十八中奇迹”。

2012 年，带领学校创造这一奇迹的老校长升职为本区教委主任，原先的一位副校长接任。新老校长有着共同的意愿，就是在继续保持学校那种负重拼搏、敢为人先的优秀传统的基础上，借占地 300 亩的新校区启用之机，争取使学校焕发新生机、更上一层楼。从这一指导思想出发，经与校方反复沟通，我最终为学校确立了“树本砺新”的核心理念。这一理念想表达的追求是：既守正固本，遵循教育的基本规律，弘扬学校的优良传统，又锐意革新，不畏艰难，勤加磨砺，不断创造学校新的辉煌。

上面两个例子，说的都是学校在“换将”之后如何把握契机，承先启后，借助新的核心理念的确定将学校引向新的、更高的发展平台。下面介绍一所百年名校决心以办学理念提升工程为契机，再创辉煌的案例。

◇辽宁省大连市实验小学核心理念：纳百川，仰大成。

该校始建于 1906 年，穿越了漫长的历史时空，集聚广博，底蕴深厚。在这个过程中，该校形成了生生不息的进取精神、实验示范的丰硕成果、强劲发展的蓬勃生机，成为大连市小学教育的一扇窗。

面对社会进步和教育改革发展要求，站在新的历史起点上，学校更应肩负起前瞻、先导的特殊使命，树纵横四海之志，寻兼容并蓄之道，秉持“纳百川”的气魄，追崇“仰大成”的境界。坚持历史与现实的统一，继承与创新的统一，本土与国际的统一，广泛汲取一切优秀人类文明成果和先进教育理念；实施多元融通、开放包容的跨文化教育，办学求高位，育人求全品，以使学校内外兼美，师生德业大成，成为更富含金量的海滨名校、北方名校、全国名校。

核心理念是“红线”。红线造就之后，接下来的工作就是“串珠”了。那么，这些珠子又该如何打磨呢？我在后面几讲会一一道来。

第六讲　学校定位策划

怀其常经而挟其变权，乃得为贤。

——［汉］韩婴《韩诗外传》

这一讲向大家介绍学校定位策划的原理和方法，它属于办学理念的“属性观”。我们在第二讲已经谈到，所谓“属性观”，就是对学校本质特征、学校不同于其他同行的独特之处的认识，它要回答的是学校“是什么、在哪里”的问题。属性观除了通过学校定位表述出来，这一讲还要介绍一个概念：学校品牌定位。我们可以把它看作学校定位的一个分支。

为什么要进行学校定位?

自从智能手机出现后，“定位”就成了人们的常用词，主要是指确定空间位置。而作为企业营销术语的“定位”则是另外的意思。定位理念产生于20世纪70年代，核心思想是“每个品牌都需要一句话来表述它与竞争对手之间的区隔”。定位理论的提出，被称为“有史以来对美国营销影响最大的观念”，它改观了人类“满足需求”的旧有营销认识，开创了“胜出竞争”的营销之道。按

“定位之父”艾·里斯和杰克·特劳特的说法，所谓定位，就是在对本产品和竞争产品进行深入分析、对消费者的需求进行准确判断的基础上，确定产品与众不同的优势，以及与此相联系的在消费者心中的独特地位，并将它们传达给目标消费者。它以品牌为出发点，而归宿却是接受者的心灵。换个说法，定位就是期待社会公众对自己的品牌形成什么样的独特印象。

精准的定位可以帮助品牌明确自己的竞争优势，树立独特的品牌形象。因而定位的第一步就是要寻找自己各种潜在的竞争优势，然后要在这些优势中选择最能够体现自己特色、最可能形成差异、最可能超越同类的优势，接着就是着力表现和强化这一优势。比如说，沃尔沃是中高档的汽车品牌，它自然有着多方面的性能特点，但是，在所有的优势中，沃尔沃特别凸显的就是无与伦比的安全性能，它一直将“世界上最安全的沃尔沃”作为自己的品牌定位。再比如，同为宝洁公司的洗发水品牌，海飞丝特别强调去头屑，飘柔特别强调美发顺发，潘婷特别强调养发护发，沙宣特别强调使头发持久保湿，这就将它们各自的独特功能放大到极致，引导消费者各取所需。同为纯净水，农夫山泉定位在“口味好”，娃哈哈定位在“情意浓”，康师傅定位在“有营养”，5100冰川定位在“水质纯”，这样一来，它们各自的特点和优势就区分开来了，在消费者心中就形成了不同印象。

商品定位的目的是为了强化竞争优势，以此扩大市场份额。但是，当定位理念迁移到其他领域之后，它的功能也相应地发生了变化，主要是通过准确定位为未来发展确定基调。例如，在房地产经济经过数年无序发展之后，中央出手对商品房的性质进行了定位：“房子是用来住的，不是用来炒的。”这就为商品房的规范发展指明了方向。再说到城市定位，如今在国家和区域发展中十分重视城市发展定位问题，比如北京的最新定位就是四个中心：全国政治中心、文化中心、国际交往中心、科技创新中心。那么，今后北京市就应以此为出发点来规划发展，那些非“中心”的城市功能就应弱化或外移。

下面来说学校。所谓学校定位，就是学校根据自身条件、环境要求、发展趋势等因素，合理地确定发展基调、特色和策略的过程，是对学校最本质特征的框架性勾勒，是在学校现实形态和未来趋势的结合点上对办学领域和宗旨所作的高度概括，是对学校的办学规模、办学层次、办学类型等作出的方向性选择。它通过分析学校的主要职能，揭示本校与其他学校的本质差别，抓住学校最基本的特征，引领自身发展的目标、占据的空间、扮演的角色、竞争的位置。举个例子，当位于杭州的西湖大学创办之初，有人说对同区域的浙江大学来讲这是“狼来了”！对此，我却不以为然。西湖大学以研究生教育为起点，走的是精致高端之路，目标是“中国特色的世界一流大学”。如果把浙江大学比作大型综合性商场，那么西湖大学就好比高端奢侈品专卖店，两者定位相异、错位发展，不太可能形成全面的、实质性的竞争关系。再说南京的金陵中学和人民中学，它们都是普通高中，仅一街之隔，对门相望，但两校的定位明显不同，前者是南京顶级的四星级高中，以培养优秀毕业生为己任，后者是办学力量有待提升的三星级高中，近年又转型为女子学校，所以即便学校性质相同、地理位置相邻，却不可能在生源、教学等方面产生相互制约或竞争的关系。

从内容角度分析，学校定位大致由定性、定向、定形三个方面组成。“定性”指确定学校的性质，就是在详尽分析学校在区域社会发展中所承担的职能作用的基础上，筛选出对学校发展具有重大意义的主导性和支配性的职能；“定向”是确定学校的发展方向，包括学校的发展方针、目标走向、战略模式等；“定形”是指学校形象的确定，即确定学校内在的、相对稳定的、个性化的特质。

任何一所学校，要进行新一轮发展，要实现文化更新，都必须找准自己的起点。学校定位起的就是这样的作用。准确的定位既能体现学校历史的纵深感，又能表明学校的现实形态，同时对学校发展具有指向性，能够明确提示学校“从哪里来”、“在哪里”、“到哪里去”。在教育博弈日益加剧的今天，一所学校只有进行准确定位，才能使学校形象更清晰、办学目标更明确、工作精力更集中、团队精神更强，才可能在公众心目中留下鲜明印象，才能提升自己的核心发展力，赢得社会声誉。

怎样进行学校定位?

一般来说，学校定位大致有分项和综合两类表述模式。

先谈分项定位。这是指从不同维度出发，分别对学校的各个领域进行定位。至于确立哪些维度，因不同学者、不同策划者、不同办学者视角和表述的不同而见仁见智。

小贴士

学校定位维度

吉姆·奈特从企业管理的语境出发，勾勒了学校定位的构成要素：一是市场——学校有哪些潜在的学生/家长群体?存在学校为其服务的其他对象吗？二是商业环境/竞争——学校必须应对的、最普遍的外部环境（包括当前的和即将到来的、可辨别的未来）是什么？三是产品——学校教育目的要对其主要当事人/使用者传递什么？四是当前目标——为了学生和既定使用者的利益，学校特别想实现的目标和由此带来的价值是什么？五是当前可供利用的资源——学校如何获得当前所需的资源？六是对未来的预测——学校能够自信地对中长期（3～5年）的未来图景作出什么样的预测？或是设想未来十年的长期图景？

——引自范国睿主编的《多元与融合：多维视野中的学校发展》，教育科学出版社，2002年版

从国内的策划实践来看，学校定位的项目要素大致有目标定位、体制定位、类型定位、规模定位、形象定位、角色定位、层次定位、专业定位、特色定位、服务定位等。但通过分析这些分项的内涵，并查阅学校定位案例文献，可以看出分项定位模式更适于大专院校，在中小学中应用得极少。

2005年，在为山东省济南市第十一中学进行策划时，我首次使用了这种模式。

◇山东省济南市第十一中学的办学定位：

体制定位——校长负责、全员聘任的公办学校；

规格定位——山东省规范化高级中学；

内涵定位——文化个性鲜明、综合实力良好。

2013年，在为浙江省乐清国际外国语学校进行策划时，我再次使用了这种定位模式。

◇浙江省乐清国际外国语学校办学定位：

体制定位——董事会领导、校长负责的民办学校（定性）；

类型定位——十二年一贯制全寄宿外国语学校（定性）；

目标定位——浙南地区学生出国深造和国际交往基地（定向）；

形象定位——市场化、品质化、国际化、个性化（定形）。“市场化”特指民办学校处于优胜劣汰、开放式的市场环境中，必须重视市场需求，建立组织结构科学、决策执行高效、资源配置合理、可持续发展的学校机制；“品质化”指学校追求全面质量的教育，视品质为办学生命线，营造出“温文尔雅，卓越超群”的精神氛围，内涵深厚、外延丰富；“国际化”既强调学校引进吸收国外优秀教育理念的积极态度，又凸显学校成为国际人才输出通道、留学交流基地这一形象特征；“个性化”指学校体制机制、文化内涵、办学风格与众不同、特色鲜明。

再谈综合定位。这是指用一句话或一小段文字对所要凸显的学校最本质特征的整合性表达。从传播的角度说，这种定位模式更易让人识别和理解。

在语言表达方式上，运用较多的是“内涵特征＋实态特征”式，如张家港外国语学校的定位是“精品化、个性化、国际化的十二年一贯制民办外国语学校”，其中精品化、个性化、国际化是该校的内涵特征，十二年一贯制、民办、外国语学校则是该校的实态特征。南京市溧水区特殊教育学校的定位是“集听障、智障、康复、职业等教育为一体的十五年制农村特教学校”，其中听障、智障、康复、职业等教育是该校的内涵特征，十五年制、农村特教学校是该校的实态特征。

采用这种定位法的再如——

◇广东省珠海市香洲区第一小学定位：引领新学风范的岭南品牌小学。

这一定位旗帜鲜明地昭示，香洲一小是岭南地区小学教育领军方阵中的重要一员，是教育新理念和新实践的领跑者、示范者。如此定位既源于学校多年励精图治所形成的办学实态，更源于他们崇高的教育责任感，源于他们心中涌动的教育梦想，以及对自身实力的信心。它既彰显了学校精一以恒的坚定态度，也表达了日有所进的不懈追求。

◇内蒙古鄂尔多斯生态环境职业学院定位：品质高标、品位高远的全日制高职院校。

“品质高标”意为学院具备高水平的办学质量，有过硬的师资队伍和管理机制，有优质的课程与教学实践，有令人信服的专业水准。“品位高远”意为学院具备高水平的办学内涵，有高屋建瓴的办学理念，有个性鲜明的办学特色，有丰富深厚的文化底蕴。“全日制高职院校”即对学院办学属性、办学类型和办学层次所作的界定，表明全日制高等职业教育是该院主导性、支配性的职能。

◇四川省德阳市第五中学定位：创新型、示范性市直属完全中学。

创新型，指学校的一切工作都以“创新”为基本特征，并以“创新”作为学校发展的根本动力；示范性，指学校的一切工作都以“示范”为基本取向，并以“示范”作为学校领先的根本标志；市直属、完全中学，是学校的办学实态，也是今后将继续保持的办学性质。

其他如南京市高淳区砖墙中心小学的定位“一所执著追求‘和合品质’与‘新荷品牌’的农村中心小学”，江苏省张家港沙洲中学的定位“执著追求绿色教育理想的历史文化名校”，江苏省金湖县机关幼儿园的定位“极具亲和力、成长力的县域品牌幼儿园”，南京幼儿高等师范学校的定位“师教职教并举、中专大专合一的全国知名女子学校”等，也都用的是这种定位法。

在综合定位中还有一种表述方式，就是当办学实态没有特别的界定必要时，索性就浓墨重彩地凸显学校的内涵特征。它往往用“概念群”的方式来表述。如我为福建省闽侯县第三中学确定的定位是“百年儒苑，生态佳境，智慧高地”；为浙江省玉环市环山小学确定的定位是“玉环首学，儒雅文宗”。

再看以下两例：

◇江苏省苏州工业园区第六中学定位：师生悦心家园，百姓放心学园。

该校一度因管理水平滑坡而导致学校整体办学质量和社会声誉大幅下降，教师质量意识和纪律观念差，学生对学校和学习信心不足，学区内的家长也想方设法把孩子转到其他学校就读。新的领导班子上任后，从内振信心和外树形象入手，励精图治，在较短时间内使学校的社会声誉有了较大改观。正是基于这样的考量，我才用“师生悦心家园，百姓放心学园”来表述学校的内涵特征。其中“师生悦心家园”是就学校内部环境所作的定位，指学校以其展现出的安定感、愉悦感、信赖感等，成为师生心灵的皈依地；“百姓放心学园”是就学校外部环境所作的定位，指学校以其展现出的品质感、荣誉感、效能感等，成为百姓家门口的好学校。这样的定位既是对学校现状的描述，实际上也蕴含着对学校发展的美好期望。

◇上海市奉贤区教育学院定位：全区域教师智慧成长的专业引擎，南上海教育品质发展的战略智库。

学院聚焦科研、德研、教研、教师教育和教育信息技术应用五大主体责任，努力做好区域内教师学习与资源中心、优质多功能的教育指导与服务中介，充分发挥促进中小幼学校干部和教师专业成长、指导区域中小幼学校深化内涵发展和教育教学改革的功能，引领区域教师和学校更具智慧地发展。他们紧紧围绕奉贤教育建设“自然、活力、和润”的品质教育区这一总体目标，更深入地融入到区域教育治理体系和治理能力现代化的进程中；实现全区城乡教育一体化发展达到更高水平，为区域教育达到人文和谐、活力朗润、德润人和的高品质发展状态，形成与奉贤经济社会发展紧密顺应的科学发展、多元活力、优质均衡的教育事业新局面而发挥好智库作用。

怎样进行学校品牌定位?

学校品牌定位是对学校定位的具化和深化。

品牌最初是企业管理和营销的概念。我们知道企业在市场推进方面曾经历过三个阶段，从最初强调商品力的一轴指向，到后来强调商品力 + 营销力的二轴指向，最终发展为今天强调商品力 + 营销力 + 品牌力的三轴指向。将品牌作为生存和发展的法宝，是企业在残酷的市场竞争中悟出的真理，是市场经济的必然选择。如果套用企业发展的三阶段说，我国当今的中小学基本上还处在类似于企业单靠产品质量包打天下的一轴指向阶段——升学率时代，社会乃至业界评价一所学校的所谓优劣高下，往往都“习惯成自然”地用升学率作为最重要的甚至是唯一的指标。然而我们有没有想过，随着社会发展和教育改革的深化，随着人们升学就业观念的日益多元化，当有朝一日升学率不再成为衡量学校最重要的体制性标准时，我们将以什么来识别、衡量、评价一所学校？那就是品牌。

有人说，企业发展跟学校发展不是一回事，不能相提并论。的确，在形而下的层面上，它们有着各自运作的规律，但在文化和哲学的层面上，它们却是相通的。这就像地球上的水虽然有苦有甜、有淡有咸，一旦它们变成水蒸气在云端相会，却有了成分上的一致性。以此类推，企业发展的历程就告诉我们，对于中小学的发展来

小贴士

什么是学校品牌?

我国自上世纪末开始将品牌概念从企业引入教育领域以来，许多学者都对“学校品牌”的内涵作过解读。择其代表性观点主要有：一是从经济学视角切入，将学校品牌理解为经过精心培育和市场选择形成的、为教育消费者所偏好、给办学组织带来较大效益并引导教育消费的学校各种特色的总称。二是从传播学视角出发，认为学校品牌是指具有较高知名度、美誉度、忠诚度及深刻内涵和特质的学校综合实力的概括。三是基于教育学立场，认为应当树立和推出真正符合教育性质的学校品牌，这种品牌应当有鲜明的教育价值观、鲜明的育人立场和明确的道德目标。四是从品牌学和教育学相结合的视角，将学校品牌界定为以育人为目的、以人为载体并需要迟效评价的品牌，也是一所学校在长期的教育实践过程中逐步形成并为公众认可，具有特定文化底蕴和识别符号的一种无形资产。整合这些论述，可以将学校品牌的定义概括为：一所学校以识别符号为基础、以教育价值为导向、以育人为根本、以文化底蕴和综合水平为支撑、以良好的社会认同为表征的总体办学特色和无形资产。

我大体认同上述对学校品牌的界定，但认为还有两个问题需要追问和澄清：

第一，学校品牌究竟应以何为识别符号？企业品牌往往首先具象为品牌名称，而目前的学校管理体系中并无与之相对应的要素，由此许多人便直接把校名当成了学校品牌的

“名称”或标识。我认为，学校的教育属性规定了其品牌必须是对教育价值观的直接表达，而非指向学校名称等的自然符号。然而我同时认为，正因企业品牌必须体现于具体名称，所以以企业品牌特性为参照的学校品牌自然不能只归结为“办学特色”“文化底蕴”“综合实力”“产品或服务的内在品质”等抽象的表述，而必须进行概念聚焦，必须有一个能体现学校教育主张和教育成就的符号来指代这些内涵，否则所谓“学校品牌”只能是校内外公众对学校的笼统印象，难以具体识别和有效传播，也就难以真正体现品牌意蕴。

第二，学校品牌仅仅体现为办学的特色、水平或无形资产等静态的结果性特征吗？我们知道，企业品牌在聚焦于具体名称的同时，也体现为整个运营过程的品质与品效。从这一特性出发，学校品牌也应该是符号与运作、过程与结果、动态与静态相统一的完整体系。

依据上述分析，我认为，简而言之，学校品牌就是具有高知名度和高美誉度的学校个性化战略。所谓“个性化战略”是指：首先，品牌是学校基于自身文化传统、现实形态和愿景展望，基于对教育行业形势、学校个性和内外部生态环境的审视而建构的一种独特的战略体系；其次，这种战略建构应有一个个性化的概念来指称，有鲜明的文化标志。概括地说，“个性化战略”就是学校办学的本质特征和根本诉求的符号化及其实施体系。如果这种战略经学校成功运作而产生了广泛的影响力，在一定程度上成为体现该校“特色办学”和整体质量的最重要表征，成为社会公众识别和评价这所学校的焦点，那么它就真正成为了“学校品牌”。

——引自沈曙虹《个性化战略：学校品牌的意蕴》，2013年第11A期《江苏教育研究》

说，“用升学率说话”的时代，必然会升华为“用品牌说话”的时代，品牌终将代替“数字”，成为学校最核心的价值追求和最重要的识别符号。拒绝这一现实就是拒绝发展，无视品牌建设就是无视我们的未来。如果学校从现在起就注重打造自身品牌，那么就能在即将到来的教育品牌时代中赢得先机、占据高端位置！

学校品牌是蕴含于一个具体概念中的学校个性化战略，这个战略自然也包括一整套实施体系。学校品牌定位，就是对这个概念及其实施体系进行界定。

学校品牌战略定位是关系到学校全局建设和长远发展的根本性决策，是学校品牌运作的基础和起点，是实现可持续发展的前提和保障。品牌定位应遵循四个基本原则：指向性，就是必须体现和具化品牌名称的内涵；内源性，就是必须植根于学校办学传统和内生机制；基础性，就是必须体现学校育人的根本属性；全面性，就是必须全面统领学校的工作并着眼于学生的全面成长。

对学校品牌进行定位，大致有三种思路：

1. 单一品牌定位

所谓单一品牌，指学校的所有工作都指向一个焦点，都凸显一个主题，这个焦点和主题就是——品牌。早期的著名品牌格力就单纯指向空调，格兰仕就单纯指向微波炉，它们运用的就是单一品牌定位法。学校品牌运用这种定位的优势在于：一方面能使校内外公众对学校的核心价值主张形成极高的识别度与认同度，有利于迅速彰显学校的个性化形象；另一方面能强化办学的目标导向，迅速形成指向核心理念的，具有引领、凝聚、激励、规约功能的学校文化生态。我在张家港外国语学校就运用了单一品牌定位法——

◇江苏省张家港外国语学校品牌定位：和文化。

我在为张家港外国语学校进行文化战略策划时，将“和”作为核心理念，以体现学校站在人类文化高处规划办学的大智慧和大境界。由此，我们以“和文化”为焦点和主题构建了学校单一品牌战略框架，将学校的“和文化”分解为“理念之和”、“课程之和”、“教学之和”、“教师专业修炼之和”与“办学形态之和”等，并分别进行了解读。

2. 一牌多品定位

所谓一牌多品，指将学校品牌分解为多个“产品”，从多个相对独立的方面贯彻实施，但每个方面都体现并强化品牌名称与价值。在企业品牌中，海尔是比较典型的一牌多品定位，统管的所有产品都叫海尔，包括海尔冰箱、海尔洗衣机、海尔空调、海尔电脑等等。这种定位的优势在于：从学校角度说，其品牌的传播和运作可以分合自如，尤其便于将品牌战略的实施落实到位；从社会公众的角度说，可以具体而深刻地理解学校品牌内涵的丰富性，对品牌的识别与认同产生“乘积效应”。

◇辽宁省大连市实验小学品牌定位：全品教育。

为大连市实验小学进行办学理念策划时，我依据该校办学实态和价值追求，将学校发展战略的符号定位为“全品教育”，再以“全”字为出发点，构建了由“全优课程”、“全真教学”、“全策管理”、“全员德育”和“全知培训”所组成的一个完整的个性化战略体系。这五个“产品”的设计，很好地体现出学校“全品教育”之“全面拓展，品质为尊”的内涵。这一战略与学校“纳百川，仰大成”的核心理念和“有滋有味生活，有声有色成长”的教育理念桴鼓相应，是对这些理念的凝练，也是这些理念的操作性纲领。

其他的案例还有：

为南京信息工程大学附属中学作策划时，我在“共生教育”的品牌定位之下，设计了共建课程、共享课堂、共荣管理、共勉师道、共进学子的实施体系；

江苏省淮阴师范学院一附小幼儿园的品牌定位是“养真教育”，我从真品课程、真性养育、真挚师道、真切管理、真美环境五个方面作了规划；

在为有着科技教育鲜明办学特色的南京市小行小学规划品牌时，我提出了“创行文化”的品牌定位，并建构了教师重创业、课程重创化、教学重创新、管理重创意、学生重创行的实施路径。

有个现象需提醒一下，进行一牌多品定位，要避免牌与品的同名重复。这是不少学校都容易形成的思维定势，比如提到阳光教育，自然就有阳光课堂、阳光师生、阳光校园等；提到智慧教育，也习惯性地分解为智慧课程、智慧教师、智慧学生、智慧管理等。上下位概念同义重复，既没有拓展品牌的内涵，也没有针对不同领域的特殊而具体的价值导向，所以我不主张如此表述。

3. 主副品牌定位

所谓主副品牌，指学校在主品牌下衍生出多个相对独立的实施系统，它们虽不直接体现品牌名称，但仍从各自的角度为主品牌服务。以企业品牌为例，帕萨特、捷达、宝来、高尔夫、速腾、波罗等都是各自运营的汽车品牌，但它们有着共同的血缘关系：德国大众。这种战略与一牌多品定位相似，但其特点在于因为没有名称上的限制，各系统在传播和运行时的独立性和自由度更大，更利于实施者创造性地开展工作。

◇四川省德阳市第五中学品牌定位：创新型学校。

这个品牌的塑造需要学校综合实力的不断提升，它取决于学校各方面、各层面工作的强势发展。因此，我们塑造的实际上是以“创新型学校”为主题的一个“品牌族”。这个品牌族包括：第一，学习型教学，就是使“学习”成为德阳五中教师教学行为的基本前提，成为教师的一种生活方式；第二，草根型科研，就是将教育科研“日常化”，让大多数教师能感受到研究氛围，主动参与到教育教学研究中来；第三，开放型管理，主张干部能上能下，任人唯能唯贤，发展决策或问计于民，或求教大方；第四，发展型教师，从学校角度强调将所有资源和力量共同用于加强教师的智慧，形成教师成长发展至上的氛围；第五，自主型学生，让学生实现真正的自我管理、自我教育，广泛参与学校事务。

其他进行主副品牌战略定位的学校如——

南京市浦口实小浦园路分校“方圆文化”的品牌定位，包含了丰富适情的课程文化、扎实灵活的课堂文化、励精励行的管理文化、敬业奋进的教师文化、正身正学的学生文化、和谐优雅的环境文化六大板块。

南京市江北新区九龙小学的“活力教育”品牌之下，有助学课程、灵慧课堂、精进少年、活化管理、智慧教师、生机环境的品牌架构。

总之，进行品牌战略定位，对外可锻造学校的文化识别符号，使广大公众直观地感知学校特色，认识学校的核心价值追求；对内可将所有工作的价值取向归于一个焦点，凝聚全校师生心智，合理布局办学行为，全心全意谋发展。而选择何种战略定位则没有一定之规，它完全取决于学校对自身办学行动力的认识与诉求，取决于学校对核心理念如何有效落实于办学行为的理解与谋划。

第七讲　学校使命策划

一年之计，莫如树谷；十年之计，莫如树木；终身之计，莫如树人。

——［春秋］管仲《管子·权修》

这一讲要说的是学校使命策划的原理和方法，它属于办学理念的“目的观”。什么是“目的观”呢？就是对自己学校存在的独特理由与意义的认识和信念，是对理想的学校形态的终极性判断。管理学大师德鲁克认为企业必须思考三个根本问题：我们的企业是什么？我们的企业将是什么？我们的企业应该是什么？这也是思考学校文化的三个原点。这三个问题集中起来实际上就是一个学校的使命，即学校使命需要回答以下两个问题：我们要到哪里去？我们未来是什么样的？

“使命”这个词，最早见于《左传·昭公十六年》：“会朝之不敬，使命之不听，取陵于大国，罢民而无功，罪及而弗知，侨之耻也。”它在这里的意思是“重大的责任”。我们今天在用这个词的时候，往往也赋予了它“宏大叙事”的色彩，比如神圣使命、历史使命、庄严使命等。由此看来，学校使命也是办学理念的重要领域。那么——

什么是学校使命?

学校使命主要指学校存在的理由和价值，即学校为社会的繁荣、教育的进步和人才的培养所应承担的角色和义务。有人说，党和国家的教育方针已经把这些都规定好了，学校只要照办执行就好，还需要有自己的一套办学目的吗？当然需要！教育方针只是从最宏观、最本质的层面确定了教育的根本任务，但由于每个学校的条件各不相同，比如办学层次和基础有异，师资生源差别很大，多年来可能形成了自己特有的办学传统，再加上办学者对学校的发展也各有预期，因此教育方针在落实到每所具体的学校时，必须结合学校本土条件而有不同的体现。从这个意义上说，不将教育方针转化为校本化的学校使命的校长，反而是不成熟的办学者。

学校使命在内涵上可具体分解为育人使命和办学使命。

育人使命略同于人们常说的育人目标或培养目标，它是对党的教育方针、对中国学生发展核心素养指标在本校具体落实后的校本化表述，是学校根据自身实际而预期的学生的理想状态。学校是为培养人而存在的，因此培养什么样的人的问题是学校面临的首要问题。2016 年提出的中国学生发展核心素养指标体系，是党的教育方针的具体化，是连接宏观教育理念、培养目标与具体教育教学实践的中间环节。它可以转化为教育教学实践可用的、教育工作者易于理解的具体要求，明确了学生应具备的必备品格和关键能力，从中观层面深入回答了“立什么德、树什么人”的根本问题。核心素养指标的确定，进一步为学校育人使命的界定提供了依据。而学校育人使命的确定，可以使学校更好地明确育人工作的指向，聚焦教育内容。一旦它成为教师的信念，就会大大提高教职员工承担教育责任和修正个人行为的自觉性，就会主动关注学生前途，更加深入地追寻教育的真谛。

办学使命略同于学校愿景，是学校对未来理想和长远发展所描绘的纲领性蓝图，是着眼于长远战略的全局性工作的标杆，是对“我们代表什么”、“我们希望成为怎样的学校”的恒久承诺。

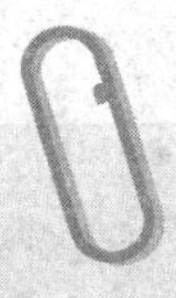

小贴士

愿景的价值

共同愿景，特别是有内在深度的愿景，能够激发人们的热望和抱负。由此，工作就成为追求有更大价值的志向目标的过程，……愿景能够振奋精神，焕发生气，扩张激情，从而能够提升组织，使之超越平庸。

——引自彼得·圣吉《第五项修炼》，中信出版社，2009年版

学校建立了科学的愿景，意味着学校有了创新与发展的灵魂，可以使学校充满创新的活力，可以提升学校的品质，提高教育教学质量。同时，学校愿景必须是全校成员共同关心的焦点，是驱使学校成员创造未来的动力与蓝图。如果愿景只是学校领导个人或小群体的一厢情愿，那就不过是装点门面的“风景”，搞不好还会成为“怨景”。日本著名教育家佐藤学以三个原理揭示了愿景的本质：一是公共性，就是要向他人敞开心胸，尊重多样性；二是民主主义，即每个人都是学校的“主角”，都承担各自的责任；三是卓越性，就是要追求至高境界。因此，学校愿景要学校成员达成共识，才能使得个人和团队乐意向往，积极参与，进而推动学校可持续发展。

在企业理念研究和策划中，不断有人纠结于企业使命与企业愿

景的区别。在我看来，严格地说，两者确实有不同，愿景是美好蓝图，是长期的发展方向，使命是实现蓝图要承担的历史责任；前者是结果，后者偏重表述达成结果的过程。但从精简、方便的原则出发，我觉得可以忽略两者的细微区别，将它们统整起来。

总之，一个学校要想获得强有力的发展，必须靠使命驱动。学校的使命不仅回答学校做什么，更重要的是为什么做，是学校终极性的存在。学校发展不能只顾眼前，应该是为未来而发展。学校使命的厘定可以帮助学校正确寻找自己在国家发展和教育发展内的位置，培育自己的核心发展力；可以帮助学校确定优先发展的方向，有利于对资源的集约配置。崇高的、明确的、富有感召力的使命不仅能为学校指明方向，而且能使学校的每一位成员明确工作的真正意义，激发出内心深处的动机。它是贯穿于学校肌体中的一种基因，优秀学校之所以成功，就在于这种基因的一脉相承。所以我们必须信奉学校的使命，在时间和空间上使学校保持这种生命基因的活力，将学校使命落实到一切工作中，融会于所有教师的职业行为当中。

怎样表述学校使命?

1. 学校使命表述中存在的问题

育什么样的人，办什么样的学，这几乎是每个学校都会回答的问题。但就学校现有的“答案”来看，比较普遍地存在两个严重的问题：

一是落俗，就是人云亦云、众口一词。例如说到育人目标，往往都形成了套路。第一个套路是“培养 ×× 中国人”，这里的 ×× 包括：走向世界的、站直了的、现代文明的、有本领的、顶天立地的、领跑的等等。试想，当大家都一哄而上、争先恐后地表态要培养“中国人”时，不觉得这很滑稽吗？第二个套路是若干个“学会”，这个学校是“学会做人、学会求知、学会健体、学会合作、学会生存”，那个学校是“学会做人，学会求知，学会生活，学会发展”。1996年，教科文组织颁布了跨世纪的教育纲领，向世界各国的学校提出了教育的四大支柱：学会求知，学会做事，学会合作，学会生存。现在学校把这些共性目标套用为自己的目标，这算不算小脑袋顶个大帽子？说到学校发展目标，自然也免不了套路，比如“现代化、高质量、有特色”之类。再比如，“让师生××”也是学校常用的办学目标表达式样，诸如让师生共同成长、让师生过一种幸福完整的教育生活、让师生焕发生命活力、让师生共享教育的快乐、让教师享受教育幸福，等等。这种句式除了已被人用滥，我们这么说时有没有想过，究竟谁能够“让”？谁有权“让”？既然我们都认可师生是学校的主人，那么这个“让”的人无论是具象的校长、专家、设计师还是抽象的学校，都已凌驾于师生之上，都已被推向师生的对立面。

二是求全，就是面面俱到，生怕有遗漏。说到培养目标，一定包括德智体美所有方面，诸如“品德高尚、身心健康、学有所长、全面发展”，“崇德、博学、尚美、健体”；说到办学目标，或者习惯对各类群体点兵点将，如“学校有特色、教师有特点、学生有特长”，“家长放心、学生满意、同行信任、社会认可”，或者习惯对各项工作逐一列举，如“人文气息浓郁、德育工作突出、教育质量优良、教育科研领先、办学特色鲜明”，“文化治校、德育立校、人才强校、质量兴校、科研活校、平安稳校、民主理校”。我们说，学校使命一定是在共性的教育方针基础上，每所学校进行的个性化的价值追求，对于不言而喻的前提性要求，对每个学校都必须遵循的一般性教育规律，就不必再多此一举地加以申明。我们要说的应是校本的、独特的办学追求。

2. 学校使命的表述方式

那么具体该怎么说呢？在表述内容上，自然要抓住学校最根本、最富有特色的价值诉求予以强化；在表述方式上，根据经验，我认为可以整合表述，也可以分项表述。

先说整合表述，就是将学校使命作为一个独立的条目来策划和呈现。我们来看以下案例——

◇重庆市第十八中学使命：养书生本色，蕴英才气象；修专业深度，立文化高度。

"养书生本色，蕴英才气象"是对学校育人使命的表述。养书生本色，就是致力于使学生全面发展、学有所成。这是学校基础的培养目标。蕴英才气象，就是致力于使学生卓越发展、学有所长，成为高层次人才。这是学校理想的培养目标。

"修专业深度，立文化高度"是对办学使命的概括。修专业深度，就是致力于高品质的专业水平修炼，在课程建构、教学策略、学生指导、教育科研等方面都有可圈可点之处，成为引领地区教育的典范。立文化高度，就是致力于高品位的学校文化建设，在办学理念、办学行为、办学环境等方面全面提档升级且可持续发展，成为区域内基础教育领域的文化高地。

◇广东省珠海市香洲区第一小学使命：培养有责任意识、有学习能力、有创新精神的健康学子；建设有丰富生态、有卓越智慧、有恒久美誉的幸福学苑。

素质教育的根本任务是"着力提高学生服务国家服务人民的社会责任感、勇于探索的创新精神和善于解决问题的实践能力"。在这个目标体系中，社会责任感是学生创新精神和实践能力提升的动力之源，是素质教育最根本的任务。所以必须特别注重培养学生从小形成对自己、对他人、对自然与社会负责的意识。"责任意识"

追求的是生命的“温度”。

对于奠定人生基础的小学教育而言，比学会知识更重要的是会学知识，它是带得走的、不会过期的素养，尤其是面对知识极速增长的时代和终身学习的社会，学习力将成为学生最为重要的本领，也理应成为我们特别专注的育人目标。“学习能力”追求的是生命的“强度”。

我们建设创新型国家，其基础是要培养创新型、实用型、复合型人才，而学校教育是学生创造力培养的主要场域。让孩子在小学阶段就逐渐具备创新精神，将会为他们的未来发展提供更多的可能。“创新精神”追求的是生命的“速度”。

——以上为香洲一小的育人使命

丰富生态即学校教育各要素的关系机理是多样的、和谐的、适应社会的、可持续发展的。“丰富生态”追求的是教育的“广度”。

教育智慧是教育者在长期的教育实践和反思的基础上，在理论学习和教学工作的不断融合中逐渐形成的对教育规律性的把握和有效应对的综合能力。它具有内源性和创生性，可以为学校发展提供源源不断的内动力。“卓越智慧”追求的是教育的“高度”。

恒久美誉意为学校具备广泛而持久的知名度和美誉度，有明确的办学目标和鲜明的办学个性，有领先于同行的特有能力，有持续高位发展的办学机制，有让人民满意的各项特质。“恒久美誉”追求的是教育的“深度”。

——以上是香洲一小的办学使命

相类似的其他案例还有——

◇南京市南湾营小学使命：育率性、乐学、创行的阳光儿童；建本色、普惠、适宜的优质学校。

◇江苏省金湖县城南实验小学使命：有善良本色，有勤学本心，有强健本领；有家国情怀，有文化底蕴，有新学追求。

◇新疆克拉玛依准东第三小学使命：培育乐学、乐志、乐观的健康少年；营造立人、立品、立业的成功校园。

◇江苏省如皋高新区实验学校使命：育纯美于心、慧德于行、学兼科文的新锐少年；创品节务高、知行务实、润泽方圆的新型学校。

◇南京市高淳区砖墙中心小学使命：育学养明通、品性坚直的本色学子；创崇真尚美、名清誉远的特色学校。

以上的例子将学校使命作为独立的条目，分别用两个分句来表述育人使命和办学使命两层意思。这就是我所说的整合表述。您可能也发现了，我在表述这两层意思时，用的都是类似对仗的修辞方法，因为在第三讲中我提到过，我非常重视理念表述的形式美，我认为美的语言更容易感染人、震撼人，使其精神力能更大程度地彰显出来。

当然，整合表述还有一种形式，就是用一个句子将两层意思全部包含其中。例如——

◇江苏省苏州工业园区第六中学使命：崇美、修美、彰美、创美。

崇美，指全力崇尚美的法则，坚定立美办学的信念；修美，指努力修炼美的言行，提高成人之美的素养；彰美，指尽力彰显美的本质，体现以美育人的风范；创美，指合力创造美的生活，实现美美与共的境界。这是在全面总结办学实态和充分展望办学理想的基础上对学校办学使命的个性化概括，也是在审慎分析生源实态和深刻领会党和国家教育方针的基础上，对学校育人使命的校本化陈述。只要学校努力践行这一使命，那么培养出的学生就必然是既符合德智体全面发展的共性要求，又能体现出学校对学生的个性化期望。

这种形式的案例还包括——

◇南京信息工程大学附属实验小学使命：以情感、智慧和精神的力量，全力发展教师与学生，全心追求优秀与幸福。

◇南京市溧水区特殊教育学校使命：办残障少年学有优教的创新校园、城乡学生益智砺行的实践乐园、现代农业产研一体的文化公园。

说完了整合表述，再来介绍一下分项表述。分项表述就是将育人使命和办学使命分为两个独立的条目来表述，这样在办学理念体系中就不再出现单独的“学校使命”了。这样做的目的，是为了在语言表达上更自由、更灵活，也为了使办学理念的内容设计更不拘一格。这时候，育人使命也可以称为育人目标、培养目标等，办学使命也可以称作学校愿景、学校战略目标等。但是，分项表述要求两者必须都表述到，它们是学校根本的办学方向，缺一不可。

◇浙江省温州市职业中等专业学校。

☆育人目标：宽广胸怀、文明仪行、扎实本领、创新智慧。

宽广胸怀、文明仪行——学校致力于培养眼界开阔、志向远大、品行端正、身心健康的“社会人”。教育是为未来注入理想、输送人才的事业，教育应该首先教会学生“先做人，后做事”。在当今全球一体的开放性环境中，我们要努力培植学生的家国情怀，引导他们关注、热爱祖国，维护本国、本民族利益；我们要努力培植学生的全人类意识，使学生具备国际理解的态度和能力——这既体现出当今教育的普世性价值，也是基于我们对以大爱为胸怀、以天下为己任的“海洋文明”的追求。在对当今世界良好秩序和温暖人情的呼唤中，我们还要努力培育学生的规则意识和人文精神。人的一生中需要用智慧决策来帮助别人的事固然不少，但需要用文明仪行来影响他人的事更多，一个人要想成就一番作为，特别需要这种“从我做起，从小事做起”的精神。我们应教会学生善意地对待与自己、与自然、与他人、与社会的关系，努力做善良之人，做受欢迎之人。

扎实本领、创新智慧——学校致力于培养技能精湛、知识丰富、求新求变、善于开拓的“职业人”。技能是所学知识内化并能运用的专门技术和能力，是职业人才安身立命之本，是创业立业之基，是幸福生活之源。一技在手、凭技能吃饭，是古往今来所有劳动者的本色，更是新时代劳动者的光荣。我们要努力教育学生热爱专业，勤学苦练，掌握高超的专业技能，以此成就事业，成就人生。当今世界日新月异，新材料、新工艺、新技术层出不穷，各类技术型、应用型、实用型人才需求激增。我们要以学生的未来为本，引导学生广泛修炼立业本领，做到一专多能、触类旁通，获得全面、自由而充分的发展，为人生未来夯实基础。我们要建设创新型国家，其基础就是要培养创新型、复合型人才，而学校教育是学生创造力和创业精神培养的主要路径，我们要以教育学生求新求变、向上向善为己任，培养学生具有创新创业的意识、动力和能力，不断为创造自己美好的未来并同时造福于他人而努力。

☆学校愿景：生态优质的文化高地，惠泽民生的工匠摇篮，品牌卓著的职教旗手。

生态优质的文化高地——教育生态即在特定的社会环境中教育的生存状态，以及教育内部各要素之间、教育和环境之间相互作用的机制和形态。“生态优质”意味着我校的办学模式、课程设置、培养方式等具备多样性、公平性、协调性、适应性、可持续性。我们期望建立多样化的教育平台，设计丰富的课程内容，实施全方位的教育服务，以营造出丰富而精彩的教育生态，满足学生个性化的教育需求，满足社会对中职教育的殷切期盼。在学校发展中，文化起着价值引导、观念整合、情感激励、规范调节等重要作用，“文化高地”意味着学校教职工具备高度的文化自觉和文化自信，以高水平的办学内涵、高屋建瓴的办学理念、个性鲜明的办学特色、丰富深厚的文化底蕴，使优质教育生态真正成为学校的核心发展力，成为区域文化建设的样板，成为百姓向往的文化乐园。

惠泽民生的工匠摇篮——教育是民生之基，就业为民生之源，职业教育因直接服务于地方经济和社会发展、直接助推青年更好地就业成长而在民生建设中具有重要地位。“惠泽民生”即意味着，我们心怀天下，勇担使命，把依靠地缘作为自己的生存之本，把反哺社会作为自己的发展之道，把丰裕民生作为自己的事业之梦。为此，我们不仅在智慧层面上全力培养技能型人才与高素质劳动者，而且也在精神层面上为培植学生远大的职业梦想乃至人生理想殚精尽职，努力为学生具备精益求精、爱岗敬业、持续专注、守正创新的“工匠精神”而奠定基础。

品牌卓著的职教旗手——学校品牌是学校基于自身实态而建构的一种独特的战略体系，是学校办学的本质特征和根本诉求所产生的社会效益。“品牌卓著”意味着学校有明确的品牌定位、鲜明的品牌个性、坚定的品牌承诺、过硬的品牌质量、持久的品牌美誉，它已成为学校最核心的价值追求和最重要的识别符号。“职教旗手”意指学校因具有领先于同行的核心能力、持续高位发展的办学机制、让人民满意的各项特质，因具有高品质（教育质量过硬）、高品位（文化内涵丰富）和高品效（社会影响力广泛），而成为中等职业教育领域的示范和标杆，成为全国中职教育的佼佼者乃至领跑者。

这样的例子还有不少，可以看出它们在语言形式上更加灵活，更呼应了我们用“方言”说办学理念的诉求——

◇南京市第五十中学的办学理念。

☆学校愿景：师生智慧栖居的乐园，家校和谐共进的学园。

☆育人目标：其学正，其心宽，其志远。

◇江苏省金湖县机关幼儿园的办学理念。

☆学园愿景：师幼互爱的亲情家园，保育上品的成长乐园。

☆育人使命：秉天真本性，养乐群品性，育灵动悟性。

在为学校作愿景策划时，还有两个常见的基本思路：

一是空间界定法，就是确定某个地域范围作为学校的发展平台和奋斗坐标。如下面第一例便是引入了“中国新兴现代化城市”这个空间概念，第二例则以“天骄之地”、“广袤草原”表明了学校发展的地域范畴——

◇江苏省张家港沙州中学愿景：致力于成为中国新兴现代化城市学校文化建设的典范。

在我 2004 年为沙洲中学作策划的前一年，张家港市委市政府制定了一个中长期发展规划，要用 10 ～ 15 年时间建成全国中等规模的现代化城市。张家港本是一个规模不大的县级市，位居乡镇的沙洲中学作为该市最好的高中之一，在全市大力推进城市化进程的热潮中，一方面自然要跟上步伐，在“中国新兴现代化城市”的范围内描绘美丽蓝图；另一方面作为有深厚底蕴的历史文化名校，学校还应在浓重的城市现代化建设氛围中挖掘并张扬自身特有的精神气质，努力使校园成为“城市田园”，成为“文化绿洲”，使学校成为工业化、信息化环境中文化建设的典范。

◇内蒙古鄂尔多斯生态环境职业学院愿景：天骄之地职业教育的旗手，广袤草原遍育英才的明珠。

该校愿做区域内高职教育的后起之秀，坚持科学发展、高位发展、特色发展，铸精品，创一流，不断提升核心发展力，提升实力，激发活力，形成魅力，把学院打造成天骄之地职业教育的旗手，广袤草原遍育英才的明珠。

但在规划此类愿景时，我不太赞同片面强调诸如“全市领先”、“全省一流”、“全国知名”等字样，因为这些表述既无法检验，又体现出攀比的、功利的浮躁心态，对引领学校发展的实际意义并不大。除非这样的表述的确是学校非常重要的、致力于全心追求的理想，如浙江海亮教育集团的愿景就是“创中国一流、世界知名的私立教育品牌”，因为他们立志成为全国私立教育的领跑者、示范者，并且争取在国际教育舞台上有知名度，有话语权。

二是内涵界定法，就是完全从内涵提升的角度来界定学校及其成员永远为之奋斗所希望达到的图景。如以下两例——

◇南京市东庐中学愿景：乡土气和书卷气并重、高知名度和高美誉度兼备的样板学校。

学校身在农村，乡土气是与生俱来的文化基因；学校教师热衷教育，书卷气是努力营造的文化氛围。乡土气与书卷气并重，正是学校孜孜以求的理想校园形态。该校的高知名度已成为现实，但学校最终目的是在公众心中形成持久的高美誉度。这需要学校进一步注重内涵发展，励精图治，高视阔步，再创辉煌。

◇辽宁省大连市实验小学愿景：择高而立，向宽而行。

作为百年老校，该校在办知名学校、品牌学校的征途上，需要大气魄、大境界，富有理想，超越自我。眼界高远才能定位高远，登高望远才能穷尽目力，“择高而立”就是大气魄、大境界。务实的态度、平实的作风和扎实的措施，是学校实现高远理想的基础。“向宽而行”就是要选择正确的路径和方法，勤于实践，科学实践，有效实践。只要学校处理好“择高立”与“向宽行”这对辩证统一的关系，实现仰望星空与脚踏实地的完美结合、理想主义与现实主义的完美结合、浪漫情怀与科学精神的完美结合，就能把学校打造成内外兼修、形神具备的知名品牌学校。

第八讲　学校精神、校训策划

为学第一工夫，立心为本。

——［明］薛瑄《薛文清公读书录》(卷五)

这一讲我们来谈谈学校精神和校训的策划，在办学理念的观念体系中，它们属于“人性观”，就是对学校成员长期以来所形成的基本精神理性的认识和主张，它要回答的是学校成员“信仰什么、以什么状态去实现理想”的问题。

学校精神和校训是两个条目，下面我就分别来讲解。先谈第一个问题——

什么是学校精神?

“精神”一词有多方面的含义，而且各种含义的差别还比较大。我们这里所说的精神，不仅指人的意识、思维活动和一般心理状态，更指人的意志、活力、思想境界等。我曾经说过这样的体会，我认为在中国共产党的价值观体系中，“主义”和“精神”是两个重要的领域。论主义，我们党的指导思想有马克思列宁主义、毛泽东思想、邓小平理论、“三个代表”重要思想、科学发展观、习近平新时代中国特色社会主义思想；论精神，从建党初期的南湖红船精神，到井冈山精神、长征精神、遵义精神、延安精神，到新中国成立后的大庆精神、雷锋精神、女排精神、“两弹一星”精神、抗洪救灾精神、抗震救灾精神，到近年来提出的中国精神、大国工匠精神，还有一直倡导的爱国主义精神、民族团结精神等等，足以看出“精神”在我党的价值观体系中有着特殊的地位和作用。

精神在党和国家的层面上如此重要，学校自然也需要有自己所倡导的精神。所谓学校精神，是指学校在长期的办学实践中逐渐形成的、被学校成员广泛认同和信守的群体风尚、思想境界、意志品质和行动准则，以及它们所表现出来的活力。学校精神既是整个时代精神在学校中的反映，又有自身的相对独立性。学校精神是学校办学方针、价值准则、管理信条的集中体现，因而构成学校文化

小贴士

陶行知论学校精神

高尚的生活精神不用钱买，不靠钱振作，也不能以没有钱推诿。……高尚的精神如同山间明月、江上清风一样，是取之无尽，用之无穷的。没有钱是一事，没有精神又是一事。有钱而无精神和无钱而有精神的学校，我都见识过。精神是不靠钱买的。精神是在我们身上，我们肯放几分精神，就有几分精神。不关有没有钱，只问我肯不肯把精神放出来。

——引自陶行知《我之学校观》,《陶行知教育名篇》，教育科学出版社，2005 年版

的基石。它既可通过明确的意识支配行为，也可通过潜意识产生行为。学校精神一旦形成，就会产生巨大的能量，就能对学校成员的思想和行为起到潜移默化的作用。

对于学校精神，有几个认识问题需要统一：第一，它是统摄全局的，是整体的学校风尚与境界的概括，而不是局部的，不宜用具体的某种学习精神、研究精神、教学精神等来替代整个学校精神；第二，它是内生的，是学校在长期的办学实践中逐渐形成的，而不是外加的，不能简单地“拿来”；第三，它是自洽的，是可以想得明、说得通、做得到的，而不是随意的、散乱的、不符合实践规律的；第四，它是理性的，不但充满生活的渊源和情感的品格，更充满哲学的意蕴，而不是感性的，不是像生活常识那么简单；第五，虽然它是学校实践的总结，但它同时也具有指向未来的前瞻性，而不是陈旧的、一成不变的。

谈到学校精神，还有一个重要的认识问题需要澄清：它与俗称“三风”的校风、教风、学风是什么关系？在不少学校，“三风”与学校精神是并列使用的，在办学理念体系中既有学校精神，又有“三风”。这实际上就犯了刚才说的逻辑不自洽的毛病。从学理上讲，学校精神会外化为风气，“三风”是学校精神的外化形式，它们在本质上是相通的，甚至可以看作一回事，没必要也不应该将它们并列呈现。也就是说，我们只需提炼出具有高度概括性的学校精神，然后分别从学校、教师、学生层面对学校精神进行解读即可。

提到“三风”，我还想多说几句。在如今的教育管理体系中，各地、各级教育行政部门几乎都要求学校在办学理念中明确表述校风、教风和学风，在对学校进行各类督导、验收、评估时必查这“三风”，甚至有些地方还要求学校将“三风”从办学理念体系中抽取出来单独打印，以应付各类检查。然而不知大家有没有认真、深入地想过，制定和检查“三风”的科学依据究竟何在？学校办学理念的提炼是否可以有自己独特的表达？是否必须把“三风”当作千校一面的标配？

首先，将“三风”并列表述本身就是个逻辑错误。所谓“校风”是指全校成员的一种行为风尚，是一种群体精神风貌的展现。“教风”和“学风”分别是教师和学生两大群体在践行校风后所呈现出的不同的精神风貌。当然，也有可能是先形成了良好的教风和学风，最终促成良好校风的形成。但无论如何，校风都大于教风和学风，前者是包含了后两者的上位概念。如今人们普遍将不在同一维度上的三个概念并列使用，不但造成了逻辑混乱，而且实际提炼中也让人无所适从：到底应该将校风与教风、学风在内涵上区别开来呢，还是应该与后两者相关联？区别表述，似乎道理上说不通；关联表述，又难免同义重复。于是，在很多学校，设计“三风”就变成了绞尽脑汁、捉襟见肘的文字游戏。

其次，“三风”应是优良传统的总结提炼，而不是预设。既然“三风”是学校优良传统的历史积淀，应该是一种“完成时”，是理想的师生风貌、教育信念和学习品行在学校蔚然成风、由广大师生形成共识并自觉践行之后的总结，而不是对这些方面的预判和预设。从客观规律上来讲，这种优良状态的实现绝不是一朝一夕之功，甚至有的学校虽经长期努力也未必一定形成了理想的风气。既然如此，就应允许学校的“三风”还处于完善、优化的过程中，就应客观看待一些学校的“三风”现状可能还不尽如人意，也就应允许学校暂时还拿不出自己明确的、成形的“三风”表述，而不应一刀切地要求学校挖空心思地搞名不副实的纸上谈兵，更不该出现新学校还没有启用，“三风”却已经上墙的这种违背规律的现象。

再次，应允许各校有独特的理念表述。如今我们倡导文化自觉，倡导教育家办学，那么就完全应该允许和鼓励办学者有自己个性化的教育哲学主张，有自己因校而异的办学理念的内容结构和话语模式，比如为什么不能用诸如“学校精神”来替代校风、用“教师准则”来替代教风、用“学生气质”来替代学风。只要学校的理念体系中涵盖了“三风”的内容，怎么表述完全可以由学校自主决定，而不是用简单化、教条化的固定条目去约束办学者的智慧。

我完全理解并充分重视学校“三风”建设的重要意义，只是希望它们能以更科学、更具校本性的形式在学校呈现，并更有效地发挥育人功能。同时也希望教育行政部门的教育思想和管理思想能够与时俱进，在针对学校的各类指导以及考核指标背后，应体现出更为先进的教育理念。

接下来自然就进入第二个话题——

如何表述学校精神？

关于学校精神的表达方式，虽然文无定法，提倡不拘一格，各显神通，但从实践经验中，我们还是可以大致归纳出几种类型：

1. 格言式

格言是含有教育意义的、可为准则的短句。格言寓意深刻，富有韵味，用于表达学校精神有着天然优势。我在 2002 年策划第一所学校的文化时，就自然而然地采用了这个思路。当时给张家港后塍高中提出的学校精神是“高境界，大智慧，真胆略”。以后为学校进行办学精神策划时，也较多采用这种类型。我们来看几个例子——

◇张家港外国语学校精神：和衷共生，创意唯新。

这是 2004 年的案例。它是对学校“和”的核心理念在学校哲学“人性观”方面的延展。它在反映学校基本价值取向的同时又是学校传统习俗和作风的综合体现，对成员行为具有导向和激励作用。“和衷共生”是学校的事业之基，只有忠诚于共同的事业，同心协力，才能使学校与个人都得以发展兴盛；“创意唯新”是学校的发展之源，只有全体成员都张扬个性，不断创新，才能做到和而不同，使学校永续活力。

◇四川省德阳市第五中学学校精神：大气象，大智慧，大境界。

这是2005年的案例。大气象：气势雄浑，景象万千——特指学校成员的精神面貌；大智慧：思虑悠远，决策高明——特指学校成员的精神素养；大境界：理想宏伟，心境高旷——特指学校成员的精神追求。以“大气象、大智慧、大境界”作为学校精神，有利于激励管理者以有容乃大的胸怀和高屋建瓴的眼光来决策学校事务，有利于激励广大教师以志存长远的理想和矢志不渝的追求来奉献学校。

◇北京市海淀区翠湖小学学校精神：各尽其善，共襄其美。

这是2018年的案例。

各尽其善：每个人都把自己做到最好。这是追求“一个人走得快”。《大学》曰“止于至善”，就是要把善作为至高追求，就是要追求至高的善。它需要我们每位成员的自觉，需要我们对事业忠诚，对职业敬畏，需要我们全力以赴，问心无愧。

共襄其美：大家努力追求共同的美好理想。这是追求“一群人走得远”。唐代柳宗元有云：“美不自美，因人而彰。”人性的道德理念，就是要努力去崇尚美、发现美、修炼美、昭示美，从而实现群体大同的价值理想。以“各尽其善，共襄其美”作为学校精神，意味着学校将学无止境、自强不息、更上一层楼当作人生的至高境界，将彰显学生成长之美、教师发展之美、学校教育之美当作广泛认同和信守的群体风尚。它有利于激励广大教师以“润美致行”的理想来完善自我。而这一切，正是学校发展的根本动力。

格言式的学校精神案例还有：南京市江宁科学园小学——日新月进；南京市小行小学——让创新成为习惯；南京市高淳区湖滨高中——清明温厚，博见怀远；南京市南化二中——不一样的生命，一样的精彩；南京市燕子矶中学——协心进德，必精必诚。

2. 比拟式

这是指用一种准确而形象的喻体来修饰学校的精神实质。这种表达方式生动而有亲切感，极易识记和使人认同。如浙江长兴职教中心的学校精神就被比喻为“百叶龙精神”。长兴县的百叶龙舞龙表演是中国舞龙文化中极有特色的一种，被批准列入我国第一批非物质文化遗产，长兴职教中心的百叶龙舞龙队又在全县独占鳌头，所以我们用百叶龙来比喻团结奋进的学校精神。再看以下三例：

◇江苏省泗洪县双沟实验学校精神：醴泉精神——汇涌灵动，蓄势勃发。

早年孙中山先生为嘉许双沟民族工业发展，曾挥笔题词——“双沟醴泉”。自此，“醴泉”成为双沟特有的文化符号之一。

双沟实验学校由三校合并而来，正如醴泉涓流汇聚却又轻灵活泼；学校上下团结一心，励精图治，正如醴泉静流蓄力以求喷薄挥洒。醴泉精神将激励全校师生内修实学、外展真才，一同创造辉煌的明天。

◇内蒙古鄂尔多斯生态环境职业学院精神：天骄精神——尚善尚进，大气大成。

鄂尔多斯是一代天骄成吉思汗的陵墓所在地。“天骄精神”就是草原精神，是重情博爱、厚德向善、尚行务实的精神，是不甘落后、自强不息、奋发有为的精神，是敢于拼搏、善于拼搏、志在必胜的精神，是宽厚包容、团结协作、谋求共赢的精神，是尊重自然、善待自然、谋求人与自然和谐相处的精神。非大气无以大行，非大气无以大成。学院弘扬草原文化，光大草原精神，以坚定信心和卓绝勇气，努力建设内蒙古一流的高职院校。在信念之中植入一根尚善尚进的神经，在心灵深处播下一颗大气大成的种子，就会在实现师生发展、学院发展、草原繁荣、社会进步的征程上收获事功大成、道德大成。

◇安徽省固镇二中学校精神：孺子牛精神——自砺自强、实诚实信。

"孺子牛"是学校形象和精神的绝佳写照。在农历牛年1973年建校的固镇二中，在40多年办学的摸爬滚打中，铸就了负重爬坡、永不言败的意志和淡泊名利的品格，用心血和汗水谱写了极为壮丽的教育华章，而这一切可凝练成"自砺自强、实诚实信"的孺子牛精神。凭借这种精神，二中人可在教育大地上为祖国培育出满眼璀璨的鲜花。

其他以比拟手法提炼的学校精神案例还有：南京市花港第一小学——形虽小、志必广的"苔花精神"；南京市浦口区汤泉小学——清明、温厚、坚韧的"若泉精神"；南京市凤游寺小学——心至纯、行至远的"凤飞精神"；等等。

3. 典故式

典故指的是与学校相关的历史人物、典章制度等故事或传说。巧用典故入文，更显学校精神的"原生态"特质。当然，这是可遇不可求的事情，并不是任何一个学校都能恰如其分地找到合适的"典故"，它需要我们做有心人，悉心挖掘，精心提炼。

◇上海市奉贤区曙光中学学校精神：布置洪炉铸少年。

该校创始人、中共早期党员李主一先生在建校之初作诗曰：

“布置洪炉铸少年，年年春夏诵和弦。栽成桃李浓阴遍，文化中心岂偶然。”这是革命前辈关于教育观和人才观的经典表达，其思想至今依然熠熠生辉。

教育理应是一座洪炉。公平与正义、自由与民主、平等与博爱、科学与人文、传统与现代……人类一切文明元素汇集于斯，点燃于斯，化为蓬勃之火、绚烂之光、浩然之象、大成之功。

曙光中学理应是一座洪炉。曙光的教师要做德艺双馨的司炉人，依循天地人间之道，胸怀仁慈博爱之心，肩负育德启智之责，用理想点燃理想，用人格化育人格，用智慧启迪智慧。曙光是智慧之炉、文化之炉、精神之炉，沐浴古代圣贤的思想之光、继承革命先辈的光荣传统，循道而为，诲人不倦。

◇江苏省如皋高新区实验学校精神：敦尚行实。

该校办学理念通篇都借鉴了胡瑗的教育思想。宋代如皋人氏胡瑗是中国最著名的教育家之一，他的很多教育思想对今天的教育来说仍有重要启迪。

敦尚：推崇、崇尚之意；行实：行为朴厚之意。“敦尚行实”出自蔡襄《太常博士致仕胡君墓志》，专门称颂胡瑗先生务实的为师治学精神。以此作为学校精神，既表现了学校管理者坚定执著图变革、树标立范办名校的精神气概，又表达了教师们脚踏实地求真学、淡定心志育真才的精神追求。敦尚行实，不仅是胡瑗先生“立学教人”的教育主张，更是激励学校负重拼搏、开拓进取的宝贵精神财富。

4. 校名式

有些学校的校名本身就可以传达出精神理念，我们不妨直接引为学校精神的表述符号。如山东省济南市胜利大街小学的学校精神就表述为“胜利精神——自信、协力、唯新”，南京市伯乐中学的学校精神则表述为“伯乐精神——识才适性，各以类进”。再来看重庆市第十八中学的例子——

◇重庆市第十八中学学校精神：新声精神——大气清亮，高怀致远。

学校从1949年3月创办的新声中学发展而来。在数十年的办学历程中，“新声精神”一直激励着学校前行。尤其是进入新世纪以后，学校干群、师生立志高远，胸怀宽广，负重拼搏，开拓进取，实现了学校的跨越式发展，而这一切正可凝练为“大气清亮，高怀致远”的学校精神。

大气，盛大宏伟的气势；清亮，既指声音清脆响亮，也指人品清明纯正。大气清亮，特指学校成员的精神气概，意为海纳百川、高瞻远瞩、心境纯粹。高怀，高尚的胸怀；致远，理想远大、抱负不凡。高怀致远，特指学校成员的精神追求，意为负重拼搏、开拓进取、服膺重远。

5. 象征式

所谓象征，是根据事物之间的某种联系，借助某个人或某个物体的具体形象，也就是象征体，来表现某种抽象的概念、思想和情感。恰当地运用象征手法，可使某些比较抽象的精神品质化为具体的可以感知的形象，给人留下深刻印象，使学校精神立意高远、含蓄深刻。比如南京市溧水区第三小学多年来形成了名闻遐迩的阅读文化特色，而人们常说阅读是心灵的旅行，养成终身阅读的习惯就好比我们的灵魂永远在路上。由此，取灵魂旅行之于阅读的象征意义，我帮溧水区第三小学提炼的学校精神就是“行者无疆”。

关于这一点，我们还可以通过以下案例来体会——

◇江苏省张家港沙洲中学学校精神：坚韧、扎实、高洁。

在初次对沙洲中学进行考察时，该校的树给我们留下了深刻印象，从1941年建校之初就存在的银杏、紫薇，到建校典礼上首任校长亲手种下的香橼树，再到后来各任校长陆续引进种植的罗汉松、龙柏、桂花、樱花、雪松、黄杨、合欢、红枫、樟树等，整个校园郁郁葱葱，形成了独具魅力的自然景观，树已然成为纵贯该校历史的文化基因。

于是，在为该校进行文化战略策划时，我决定凸显“树文化”的特征，为学校营造出鲜明的文化个性。在理念建设方面，我确立了“树业”的核心理念，并以此为红线展开了一系列的理念创意。其中将“坚韧、扎实、高洁”作为学校精神的表述。这三个词原先都可用来描摹树的品格，而我们特地取其象征意义，倡导全校师生要像树一样意志坚韧、作风扎实、品行高洁。

介绍完了学校精神的几种表述方式，我还想回过头来再谈谈“三风”。因为毕竟现实中在很多地区“三风”是被教育行政部门作为硬性要求提出的，所以这么多年来，我也为少数学校设计过“三风”。当然，有了“三风”肯定就不再提炼学校精神了，另外在设计时肯定要尽量使它们在内涵上不交叉，将逻辑困境降到最低。下面挑两个例子介绍一下，就算是借鉴吧。比如江苏省泗洪县明德学校的校风是“德至优、行至和、业至新”；教风是“心必诚、身必正、言必达”；学风是“勤于学、明于理、长于行”。江苏省苏州市湘城小学的校风是“心正唯养、智厚唯和”；教风是“精诚立范、精深修业”；学风是“习德日高、敏学日新”。

说完了学校精神的策划，接着就要谈到另一个话题——

如何策划校训?

训这个字,《说文》解释为“说教也”,《徐曰》解释为“顺其意以训之也”,《正韵》解释为“诲也”,《字汇》解释为“导也”。综合来看，它既有教诲训导之意，又指可以作为法则的话。

校训,《辞海》的解释是:“学校为训育之便利，选若干德育条目制成匾额，悬见于校中公见之地，是为校训。其目的在于使个人随时注意而实践之。”《现代汉语词典》将其解释为“学校规定的对师生有指导意义的词语”。我从“训”的本义出发，将校训定义为“学校提出的对全校师生具有规范、警策与导向作用的行动口号”。

正因为校训对师生言行具有很强的规约性、激励性，所以我将它称为办学理念的“人性观”。校训以优美的语言文字和深刻的文化内涵，简洁形象地表达出学校的指导思想、教育目标、办学特色和精神风貌；它是时代精神和办学理念的折光，是学校师生众望所归的精神园地；它是一种无形的力量，对于培养和造就学子有着不可估量的重要作用。校训要求依托学校的性质，体现学校的意志，是学校着意建树的“应然之风”。

小贴士

校训的类型

一、理念型。此类校训重在弘扬一种办学理念和教育精神。比如北京大学的“自由、平等、民主、科学”；中国人民大学的“实事求是”；南开大学的“允公允能，日新月异”；合肥市第一中学的“怀天下抱负，做未来主人”；广东省中山纪念中学的“祖国高于一切，才华贡献人类”等。

二、特色类。此类校训往往根据培养目的和行业特征提出一些特色目标。如北京师范大学的“学为人师，行为世范”；中国科技大学的“理实交融，红专并进”；国家会计学院的“不做假账”；中国政法大学的“厚德明法，格物致公”等。

三、素质类。此类校训从人的全面而自由发展着眼，从素质构成角度出发，提出全校师生员工应当遵守的要求和为之奋斗的目标。目前中小学此类校训较多，如西安中学的“团结、勤奋、求实、创新”；广州市第四十四中学的“务实、求真、悦己、爱拼”；安庆市第三中学的“敦品、砺志、创新”等。

四、校本类。此类校训重在弘扬校训精神，突出校训品牌，激发全校人员的爱国爱校情感。如上海建平中学的“今天我以建平为荣，明天建平以我为荣”；上海交通大学的“饮水思源，爱国爱校”等。

五、经典类。此类校训多从经典著述中引申，其内容多为典籍名句内容的改进、翻新与充盈。如清华大学的“自强不息，厚德载物”；复旦大学的“博学而笃志，切问而近思”；东南大学的“止于至善”等。

——引自王继华《教育文化战略构建》，黑龙江人民出版社，2006年版关于校训的特性，有人作了如下论述：一是训导性，会告诉师生以什么样的精神风貌去说话、做事；二是概括性，提炼了学校许多文化要素中具有训导作用的成分；三是精神性，能在一定程度上反映学校成员的发展目标，并提出基本的言行准则；四是长期性，它不一定在当前都能落实到实践层面，但可以提升人们的思想认识；五是渗透性，应能渗透到学校的各种活动之中，用来训导学校成员的言行；六是相对稳定性，应当在相对较长的时期内保持稳定；七是独特性，由于校际间差异较大，就需要体现校训的独特性。

除此之外，我认为校训还具有延展性特征，它是对学校抽象的核心理念的具体生动的写照。打个比方，核心理念好比《红楼梦》中贾府里的贾母，校训就如同王熙凤。核心理念作为学校的“精神图腾”，它往往在最深刻最本质的意义上影响着学校中的人，但却不一定时时走到前台“抛头露面”。校训则不同，它作为行动准则，作为师生行为的座右铭，必须经常呈现，甚至要“悬见于校中公见之地”，以期产生“耳提面命”的效果，它的作用就像贾府里的大管家王熙凤一样。因此，校训具有延展核心理念的内涵，将其具体化、形象化的作用。

基于这样的认识，我在为学校设计校训时都会自觉考量校训与核心理念的呼应关系，都力求在行为层面将核心理念直观化。希望下面的几个案例能够帮您加深理解这一层意思——

◇浙江海亮教育集团校训：心念大爱，行求致远。

心念大爱，是在“知”与“情”的层面上对核心理念中“海纳百川”的诠释，是对情系祖国、胸怀全球、公正博爱的育人目标的聚焦。行求致远，是在“意”与“行”的层面上对核心理念中“亮泽天下”的诠释，是对创新进取的育人目标的演绎。

教育的真谛，就是通过对受教育者知、情、意的转化提升，最终实现行的健全完善。这个校训正是海亮教育人对这种教育规律和教育价值追求的校本化表达，是将“海纳百川，亮泽天下”的核心理念和学校的育人目标向师生信念转化的一种诉求。同时，这个校训格局高朗、文辞隽伟，既易于识记和传播，更可作为海亮教育的一个代表性的文化标志。

◇江苏省金湖县实验幼儿园园训：品如芝兰，行似春晖。

芝兰原为香草名，古人多用以比喻德行的高尚。《孔子家语》云：“芝兰生于深林，不以无人而不芳。君子修道立德，不谓穷困而改节。”作为儿童成长道路上第一任专职教师，我们必须追求自身品性的圣洁高尚，必须努力以德养德、以善育善，用榜样的力量为孩子“系好人生第一颗纽扣”。

唐代孟郊《游子吟》有云：“谁言寸草心，报得三春晖。”由此后人常将春晖比喻为母爱。既然教师是孩子的“替代父母”（马克斯·范梅南语），那么我们在言行上就应该像父母一样对幼儿倾情相待、全心投入，以阳光般的温暖、明朗、大气、执著去投身工作、丰富人生。

在“茂质开慧”的核心理念之下确立“品如芝兰，行似春晖”的园训，不但从内与外、品与行的不同方面规约了学园教师的师德与师能，而且它追求的正是学园万物生长、相得益彰的生态之“茂”，强化的正是学园绿色教育之内涵发展、主动发展、可持续发展的决心。

◇江苏省张家港沙洲中学校训：品直学芳。

我们在沙洲中学数十年积淀下来的树文化的基础上确定了“树业”的核心理念。它有两层含义，一作偏正结构理解，意为“大树下的基业”，指学校在历史悠久、品种丰富、茁壮生长的大树的庇荫下蓬勃发展；二作动宾结构理解，意为“建树事业”，指学校将树木与树人相结合，努力光大教育伟业。校训“品直学芳”就是在核心理念的框架下从行为层面提出的励志口号。“直”原本是树的品格，“芳”原本是花的风采，在这里我们以树喻人，倡导全校师生为人像树一样正直，为学像花一样流芳。

以下再展示一批我们设计的校训。末尾括号中的文字是学校的核心理念，大家不妨将校训与核心理念对照着阅读和理解——

江苏省宜兴市实验中学：精深精诚，进学进能。（精进）

南京市湖熟中心小学：做人明大义，求学重博文。（学义昭文）

内蒙古鄂尔多斯生态环境职业学院：品德立心，知识立身，技能立业。（修天地技能，塑绿色品格）

南京市伯乐中学：怀千里志，走脚下路。（养智达贤）

山东省济南市胜利大街小学：自新、常新、全新。（创新）

江苏省泗洪县双沟实验学校：和悦求知，宽容立世。（和容）

南京市江宁科学园小学：做人有真心，求学有真才。（真）

辽宁省大连市实验小学：德义日新，学思日进。（纳百川，仰大成）

四川省德阳市第五中学：博雅。（博）

南京市高淳区砖墙中心小学：学养明通，品性坚直。（中通外直）

浙江省温州市职业中等专业学校：笃行合义，创志维新。（创·生）

南京市湖滨高级中学：立德润身。（上善若水）

北京市海淀区翠湖小学：润美于心，致美于行。（润美致行）

南京师范大学附属扬子中学：尽精微，致广大。（至精）

江苏省张家港后塍高中：学以至理，行以至诚。（崇真）

南京市高淳区实验小学：好学，力行。（亲仁近智）

新疆克拉玛依准东第三小学：悦心求学，善心做人。（立心）

江苏省张家港外国语学校：和立，和生，和达。（和）

江苏省金湖县机关幼儿园：爱之深切，计之深远。（循于爱，臻于品）

第九讲　教育理念、管理理念策划

凡人之论，心欲小而志欲大，智欲员而行欲方。

——［汉］刘安《淮南子》

这一讲我们将谈到办学理念的“实践观”。什么是实践观？就是对办学理念如何转化为办学行为、如何落实到具体办学实践中的理性认识。它要回答的是学校“怎么办”、“如何去实现办学理想”的问题。学校的实践工作千头万绪、纷繁复杂，但归根结底不外乎两大类：教育、管理。所以，论办学理念的实践观，我们就聚焦到教育理念和管理理念两大领域上。

教育理念策划

关于教育理念，曾有学者把它定义为“是关于教育发展的一种理想的、永恒的、精神性的范型，它反映教育的本质特点，从根本上回答为什么要办教育”；也有学者认为教育理念“是指学校的高层管理者以学生前途与社会责任为重心，以自己的价值观与道德标准为基础，对管理学校所持的信念与态度”。但仔细分析下来，这些界定还只是将教育理念泛泛地理解成教育思想观念，没能对教育理念作出具体的准确界定，而且所处的角度和关注的层面不同，对教育理念的内涵与外延的理解也有所不同。

在学校的理念体系中，我将教育理念作为办学理念的下位概念理解，对它有着具体的界定。我认为教育理念是学校依据自身办学的价值观对教育活动内在规律认识的集中体现，是对教育行为持有的基本态度，是从事教育活动的信念，也是学校所主张的最基本的教育原则。它是在本校特定的文化中思考和回答教育究竟是什么、应当怎样、有什么价值、如何更好地实现价值等问题过程中形成的一种观念，而这种观念具有根本性和坚定性。教育理念既决定着学校教育的方向，也决定着学校教育的方法。

教育理念涉及的方面很多，但我们已反复强调，为便于传播和识记，所有理念条目的表述都需简洁凝练，因此在策划教育理念时，也不可能面面俱到，把想表达的教育思想和盘托出。这就需要我们从本校的核心理念出发，选取一个最想表达的、也最能够明确展示本校教育追求的视角，将教育理念准确、清晰、简洁、精美地呈现出来。

下面就依据我所策划的学校文化案例，对教育理念设计的思路作一下介绍。

1. 从教育理想切入

一所学校的教育理想，就是学校成员在本校核心理念的引领下对教育美满形态的向往与追求。理想是对现实的超越，人只有不满足于现实，才会去追求更加美好的未来。学校实现教育理想的过程，就是不断把理想变成现实的过程，就是不断创造学校辉煌的过程。以教育理想作为学校的教育理念，可以帮助教师们确立面向未来的教育信仰，有利于激励广大教师以高远的眼光来实现事业追求。

我们分别来看一个小学和一个中学有关教育理念的案例——

◇辽宁省大连市实验小学教育理念：有滋有味生活，有声有色成长。

“教育是一种生活”，这是陶行知先生倡导的教育思想，也是我们对学校教育的基本理解。教育是一种特殊的生活，是一种幸福而完整的生活。我们把教育当作生活，是指教育应当具有“生活化”的特征，这种生活化的教育如同一座村庄，是人成长的自然生态——朴实、本真、完整、丰富，聚合了儿童成长的多种元素。真正有效的教育是生活化的教育，既随意、自然而又科学、严谨，既具多样性又具专业性，既呈丰富性又呈深刻性。“有滋有味”地生活是教育应有的面貌。

“成长就是体验”，“成长就是成功”，这是我们人才观的校本化表述。教育必须确保受教育的个体生命获得充分的成长，而人的成长应当是充满乐趣的过程。在生动活泼、愉悦快乐的氛围中，人的个性才能发展，学业才能进步，精神才能丰满。儿童成长的“有声有色”是指有丰富的生活体验，有清晰的成长足迹，有对生活的正确理解，有对于人生的充分信心。以人的健康和谐成长为本，为受教育者创造一种幸福完整的生活，是我们对学校教育终极意义的坚定追求。

◇上海市曙光中学教育理念：学业与生活合一，教育与生命相融。

这里的“学业”是指广义的读书学习，这里的“生活”包含广泛的社会实践。现代教育认为，生活是人生存和发展所进行的各种活动，学习只是生活的一部分。“生活即教育”，生活和实践无处不在、无时不变，读书学习也必须与现实生活和社会实践密切关联、紧密结合、高度统一。学生既要向书本学习又要向实践学习，既要善读有字书也要会读无字书，读活书，活读书，才能成为有用之才。学业与生活、学习与实践是一种终身教育，是与人生共始终的教育。快乐的学业与快乐的生活如同一枚硬币的正反两面，是不可分割的。学业与生活合一，是为学之道，也是施教之道。

这里的“教育”是指广义的学校教育，包含学校培养人的一切物质形态和行为方式；这里的“生命”既指物质生命也指精神生命。学校教育理应怀着对生命的敬畏和尊崇，以热切而理性的思索追寻教育的本真，将生命融于教育，让教育成为生命的诗意存在，凸显生命的灵动、自由和独特，并以此渐臻生命的完满与幸福。“生命教育”是现代教育的重要理念，其要义是以生命为核心，以教育手段，倡导认识生命、热爱生命、珍惜生命、享受生命、提升生命质量、获得生命价值。教育是基于生命的事业，生命教育就是人性教育。教育与生命相融，是人性之道，也是教育之道。

“学业与生活合一，教育与生命相融”本是教育的题中之意，但由于现行教育在很大程度上违背了自身规律，使得我们与它渐行渐远。今天提出这样的理念，既是为理想的教育确立标杆，也是期待回归教育本义。

2. 从培养目标切入

学校培养目标是教育目的在本校的具体化，是学校对学生经过教育而达到的理想状态的预期。严格地说，它也属学校教育理想，但它是将这种理想具化在了对学生的期望上。从培养目标的角度确立学校的教育理念，可以使老师们更好地明确工作指向，聚焦教育内容，会大大提高教职员工承担责任和修正个人行为的自觉性，从而主动关注学校前途，更加深入地追寻教育的真谛。

◇浙江海亮教育集团的教育理念：赋创新智慧于生活，蕴精彩个性于生命。

在当今知识文化走向智慧文化的时代，教育者已经把目光聚焦于智慧教育领域。对于教育来说，让学生明智慧比让他们懂知识更重要。学生不仅需要理性智慧来完善自己对人生与社会的思考，需要价值智慧来丰富自己对善与美的理解与追求，需要实践智慧来充实自己对生命历程的探索和感悟，更需要创新智慧来挖掘创造潜能，提升自身生命质量。而创造性与智慧是密不可分的，创造性是每个人所普遍具有的智慧潜能，教育最主要的功能就是使这种潜能转化为现实的创造力。正是基于以上理解，海亮教育人把对学生创新智慧的培养当作自己最基本的教育主张之一，并且力求将这种创新智慧深植于学生的生活世界。

每个人的需要、理想、目的等不同，由此成为不同样式的个体存在。从根本上说，个人的发展就在于其个性的发展，而个性的发展是社会进步的重要体现。个人社会化和个人个性化是一个统一的过程，前者铸就个人的社会本质，为个人的个性化奠定基础；后者丰富人的个人本质，使个人成为“完整的人”。个性化既是教育的普遍价值，更是海亮教育人的独特追求。海亮教育因类型、层次丰富多样，必然带来生源的丰富多样。这些受教育者从各自需要出发，对教育的内容和方式以及预期目标各有不同，因而针对个性需求、完善个性素养、“让不一样的生命展现不一样的精彩”也就成为海亮教育人另一个最基本的教育主张。

◇江苏省苏州工业园区第六中学教育理念：育成人美德，蕴成才美志。

育成人美德，指致力于使学生全面发展、学有所成，具备成为合格学生之美好品行。这是园区六中教育的基本追求，是教育的着力点。蕴成才美志，指致力于使学生个性化发展、学有所长，具备成为优秀学生之美好志向。这是园区六中教育的理想追求，是教育的着眼点。这个理念既源于“美美与共”的学校哲学，也契合初级中学的培养目标定位。

从培养目标切入教育理念策划的案例还有——广东省佛山市西南二中：悦志化成健全人格，悦行化生成长智慧；南京市浦口实小浦园路分校：养情正心，习礼正身，聚力正学。

3. 从教育原则切入

教育原则是根据教育目的、反映教育规律而制定的指导教育工作的基本要求。它应贯彻于教育的各方面和全过程。学校教育的内容、路径、方法等丰富多样，但只要我们明确了教育的基本规律，就可以万变不离其宗，保证学校教育追求的有效落实。以下学校的教育理念就可理解为是从原则、策略层面对教育实践所提出的基本要求——

◇浙江省温州市职业中等专业学校教育理念：创适教育——适势为先，创新为魂，全策为道，卓越为上。

适势为先——教育必然要受制于各种社会生态，我们需要做的正是以适势为先，对改革创新的形势和经济社会发展状况，对自身教育实态、教育传统、教育特色具有清醒、理性、能动的认识，明确地以发展我们自己的教育为出发点和落脚点，并在此基础上经过自主适应、综合创新，进而取得把握现实的自主地位，真正实现学校教育的生态性愿景。

创新为魂——社会发展日新月异，教育要想在整个社会的转型升级、超越发展面前有更大的作为，就不能仅仅顺应社会形势，还要不断提升自我发展能力，面向未来主动变革求新。而以创新为魂，并通过教育将创新的种子深植于学生心田，体现的正是我们以更自觉、更积极的心态去开创教育的未来。而这也正是建设创新型学校的核心所在。

全策为道——当今世界已呈现出多样化格局，形成各种可供选择的环境。这就要求我们把教育置于开放的视野中。具体而言，因为我们面对的不同专业有各自的特性，不同学生有各自的理想，不同用人单位有各自的需求，所以我们只有以完善的计策、全方位的服务为基本路径，将品行兼重的适情德育、综合灵活的创优课程、双元结合的适业教学、厚能致用的创见科研等作为教育的基本路径与方式，这样才能卓有成效地服务学生、接轨企业、适应社会。

卓越为上——我们的教育就是为了营造最美好的学校，就是为了让每个学习者成为最好的自己。从这个意义上说，“卓越为上”理应作为教育的导向和归宿。但是，由于青年学生面临着未来无限的可能，教育又是为了创造这些可能，因而卓越对学生而言不仅仅是以既定理想的实现为标志，它应更多表现为具有执著追求理想的情怀，有甘于寂寞、勇于挑战、敢于担当、善于坚持的勇气，有将创新精神转化为行动的智慧。

在“创适教育”理念体系中，适势是立校之基，创新是兴校之源，全策是强校之道，卓越是优校之旨。

◇南京市东庐中学教育理念：在教学双元合一的基础上追求教育的多元融通。

东庐中学多年来形成了以“讲学稿”为主要载体的“教学合一”的教学模式，享誉国内。为谋求更高品位的发展，我们为学校提出了在教学双元合一的基础上追求教育多元融通的构想，把构建“合融教育”体系当作学校教育的重中之重。“合融教育”理念的内涵主要有以下方面：合群，就是要积极参与群体生活，乐与他人交往，乐向他人学习；合作，就是要与他人在生活上相互关心，在工作或学习中相互协作，共同提高；合享，就是共同享有合作后的成果，共同分享努力后的喜悦；合荣，即把学校发展的重大突破、重要荣誉视为集体的光荣、全员的光荣，并涵盖社区、校友、各界朋友、各级领导。如果说合群是“合融”的基础，合作是“合融”的手段，那么合享、合荣就是“合融”所要达到的目标。合群、合作、合享、合荣，是前后衔接、层层递进的四个环节，共同构成“合融教育”的完整流程。

另有一些从教育原则切入教育理念策划的案例可供参考——南京市伯乐中学：基点求平等，高处谋自由；鄂尔多斯生态环境职业学院：院企互动，产教互通，学做互生；南京市高淳区实验小学：生命为本，生态为纲，生活为源，生存为道；上海市奉贤区教育学院：拥弘以取精，厚能以致用；南京市溧水区特殊教育学校：教育、培训、就业一体化，学习、实践、开发综合化；新疆克拉玛依准东三小：潜心、慧心、悦心，主动、灵动、生动；南京市栖霞区下坝小学：有教无类致力每一个，寓教于乐激活每一天，夯实基础走好每一步。

教育理念是学校一切教育行为最抽象、最概括的指导思想，但正像前面说的，学校的教育活动是头绪繁多的，单有这样一个笼统的理念有时不足以指导所有的教育工作。这时学校就可以在教育理念的统领下，具体设计课程理念、教学理念、德育理念、科研理念等下位的业务理念，以保证教育理念能在各项教育工作中落实到位。

以下便是我为德阳五中策划的教育理念，以及为进一步演绎教育理念而提出的若干教育信条：

◇四川省德阳市第五中学教育理念：博喻。

博喻，原意为广泛运用多种教学方法，可引申为有教无类、因材施教等。它不仅体现为丰富的、灵活的教学手段，更体现为积极的、负责的教育态度，是指向所有教师的所有教育行为的基本准则。《学记》有云：“君子知至学之难易，而知其美恶，然后能博喻；能博喻，然后能为师……”由此可见博喻是基本的育人之道。

以“博喻”为教育理念，是对德阳五中办学核心理念的具体贯彻，也符合对教师的普遍要求。无论是从事德育、教学还是其他教育工作，只要我们秉持积极负责的态度，善用丰富灵活的方法，就一定能够达成教育目标，实现教育理想。

☆教育信条:（1）教育必须着眼于学生毕生的人格塑造，教育必须着力于师生共同的生命建构。（2）让学校成为富有人文情怀和创新活力的精神家园。（3）创办优质教育，创造成功人生。（4）把平淡的事做精彩，把简单的事做经典。

☆德育信条:（1）保护学生天性，激发学生个性，弘扬学生德性。（2）德育内容要求：针对性、科学性、亲和性；德育途径要求：专题性、融合性、全程性；德育实施要求：经常性、层次性、序列性。（3）以“学生指导”提升学生生活与生命质量。

☆教学信条:（1）创建公正宽松的教学环境，倡导教会学习的教学观念。（2）“问题”是教的出发点，“参与”是教的兴奋点，“生成”是教的创新点，“实践”是教的升华点，“质量”是教的制高点。（3）教学是对话，教学是体验，教学是唤醒。（4）反思的深度＋创新的力度＝教师职业生涯的高度。

管理理念策划

所谓管理理念，是对学校所遵循的管理原则、所追求的管理理想的概括性表达，是在处理人、财、物、信息等管理基本要素时所遵循的准绳，是一切治校行为的出发点。一方面，管理理念是对管理活动的理性认识，是对管理规律的总结和概括；另一方面，它是以客观事实为依据，并在管理实践中逐步产生和发展起来的。优质学校的“优”固然表现在很多方面，但优质的管理是不可或缺的重要部分。这其中，管理制度、管理措施、管理行为至关重要，但最为核心的还是建立起科学适用的管理理念。我认为符合这些标准的管理理念至少应具有以下特质：第一，校本的，就是学校自主管理，校长和学校拥有更多的决策、指挥和发展权，在核心理念指导下体现出权力下移、广泛参与、民主治校的管理机制；第二，人本的，就是把人置于教育和管理的中心，教师和学生是管理的出发点，也是归宿；第三，个性的，就是以前瞻的眼光，求异的思维，自主的意识，作出学校管理的个性化选择，而有了学校管理个性化，才会有教师和学生的个性化，才会适应差异，发展特长，增强优势，才能产生有独特风格的教师，最终培养出适应社会发展并且具有个性的学生；第四，开放的，就是学校对社会以及内部全面、全方位开放，畅通沟通渠道，快捷信息传递，以增大知识量，互通有无，启迪思维，驰骋想象，求异求新，从而不断为学校管理注入新的活力。

跟教育理念策划一样，管理理念策划也有三个基本思路。

1. 从管理理想切入

道理跟前面教育理念策划的第一个思路一样，我就不多讲了，直接看案例——

◇江苏省张家港外国语学校管理理念：仁法相衡，经权相谐，奇正相生。

仁法相衡，指仁爱之心与法治之行有效结合、彼此制衡；经权相谐，指原则性与灵活性合理运用、相互协调；奇正相生，指既遵循常规，又不拘一格，勇于创新。这一理念体现的是对立统一、相辅相成的哲学思想，是在学校“和”的核心理念指引下对本校管理现状的提炼与管理理想的框定。未来社会及教育形势将日益多元化、复杂化，但只要我们牢牢握住“仁法相衡，经权相谐，奇正相生”这一管理利器，坚持用先进的理念教导人，用明确的目标激励人，用严格的制度约束人，用榜样的力量感召人，就一定能顺势而变、与时俱进。

◇南京市东庐中学管理理念：有效劳动，无形约束。

“教学合一”的改革必然催生学校民主科学的教育管理机制和以校为本的教学研究制度的建立。教职工应逐渐减轻无效劳动，减少有形约束，但无形的责任却应该增加。学校领导也应从检查考核的角色中走出来，将更多的精力投入到更深层次的管理之中：教学管理前移，从花很多精力检查备课笔记，前移到指导“讲学稿”的优化；管理重心下移，从注重教法研究转变为注重学法研究；管理理念上移，把教师教学业务和技能的提高上升为一种事业、一种学术的研究、一种价值实现的过程。

另有一些按照这个思路设计的学校管理理念可供参考——南京信息工程大学附属小学：大心受物，潜心观理，经心从事，恕心待人；辽宁省大连市实验小学：宏豁无拘，精微有序；南京市花港第一小学：执品质立校之本，求精细管理之道，彰各尽其才之风；鄂尔多斯生态环境职业学院：人本强校，精严兴教；广东省佛山市北江小学：包容至博，亲善至和，公正至刚。

2. 从管理领域切入

学校管理工作千头万绪，但删繁就简地说，大致也就是谋划、决策、执行等几个领域。那么，如何对这些领域的管理作出具体的规定，也是学校需要琢磨的问题。

◇浙江海亮教育集团管理理念：法如山固，策如海涵，执如风行。

法如山固，指海亮教育建章立制须始终做到严肃、严密而严格，如山之坚固。制度是组织的原则和意志，是保障学校所有工作有效开展的依据，是规范、约束、激励师生全员的准绳。要通过制度化管理来规范人、培育人、引导人，要用科学、严格的规章制度来扶正师生行为，来管住人、管好人。这是立校之基，也是海亮教育管理品质的体现。

策如海涵，指决策学校事务须充分体现民主精神，集思广益，如海之包容。教师是学校发展的根本因素，因此所有管理行为都须以教师为本，尊重教师，依靠教师，赋予他们民主权利，充分激发教师智慧活力与工作激情。用民主决策、民主监督来聚师心、凝师志，这是兴校之源，也是海亮教育管理品效的体现。

执如风行，指执行制度、政令等迅速高效，如风之厉行。加强精细化管理，加强制度的执行力度并确保执行到位，是学校管理的关键。过去海亮教育在此方面一直可圈可点，今后也将一如既往。用效率和效益为准绳来做好事、理好政。这是强校之径，也是海亮教育管理品位的体现。

上面的例子是从科学立规、民主决策、高效执行三个层面界定的管理理念，下面这个例子涉及的领域就更多、更细了——

◇浙江省温州市职业中等专业学校管理理念：谋必高、策必群、责必清、事必合、执必精。

谋必高——眼界决定境界，定位决定地位，布局决定结局。学校只有高标准、高质量、高品位地谋划办学，以开明的心态和前瞻的视野博采众长，将先进的办学思想与行为合理汲取为我所用，才能保证学校的发展始终快人一步、胜人一筹。

策必群——教师是学校发展的根本因素，所有管理行为都须以教师为本，决策学校事务须充分体现民主精神，公开化、透明化，集思广益，群策群力，充分激发教师智慧活力与工作激情。

责必清——管理需要刚性手段。责权清晰、赏罚分明，是界定学校组织内各种关系和行为、维系学校正常运转和提高工作效益的管理机制。学校对各级管理者须严定规矩，合理授权，确保其责权对等、规范工作；对广大教师须优化服务，强化监督，确保做到奖勤罚懒、优胜劣汰。

事必合——管理需要柔性心态。人心和合就是一种大美，在学校管理中，需以“竞合”思维来凝聚人心，实现群体中的团结协作、良性竞争、互补共赢，使学校管理更具有互动性，使学校成员更注重贡献度。

执必精——加强精细化管理，加强制度的执行力度并确保执行到位，以效率和效益为准绳来做好事、理好政，以科学的精神使制度条文、工作要求等尽力实现标准化、数量化、流程化，以踏实、扎实、务实的作风一步一个脚印地走科学发展之路。

3. 从管理策略切入

因为管理理念是实践观，对办学行为有现实的指导意义，而策略作为行动准则，对办学行为更是有直接的提示作用。所以这个思路是管理理念策划的常规思路。下面这两个例子可以说是比较有代表性的——

◇江苏省金湖县城南实验小学管理理念：师为源，心为本，养为道，成为旨。

师为源，心为本：教育大计，教师为本。教师是学校的主人，教师发展是学校发展的关键所在。古语云“得人心者得天下”，学校管理要充分发挥教师的主人翁意识，充分发挥教师的主观能动性，治心为上。

养为道，成为旨：“养为道”即以“养”为路径方法，“养”更多地注重管理过程，注重主体的感受以及内在价值的彰显，以润物无声的方式去实施管理。“成为旨”即以“成”为管理目标。学校管理，不仅要管，更要有“成”，要有明确的目标导向。

◇江苏省苏州工业园区第六中学管理理念：制度正行，情义聚心，精致美政。

制度正行，指用科学、严格的规章制度来扶正师生的行为。制度是组织的原则和意志，是保障学校所有工作有效开展的依据，是规范、约束、激励学校全员的准绳。用制度来管住人、管好人，是立校之基，也是学校管理品质的体现。

情义聚心，指用真诚、善良的情感与义理来凝聚教师的心智。教师是学校发展的根本因素，因此所有管理行为都须以教师为本，尊重教师，依靠教师，注重以情感人、以理服人，激发教师智慧活力与工作激情。用情义来凝聚师心，是兴校之源，也是学校管理品效的体现。

精致美政，指用精心、缜密的思路与方法来美化治校之策。细节决定成败，从细节出发，全心投入，加强精细化管理，加强制度的执行力度，是学校有效、高效管理的关键。用精致来做好事、理好政，是强校之径，也是学校管理品位的体现。

用管理策略来界定学校管理理念的案例还有很多，我们再列举几个——南京市伯乐中学：通其意，策其道，尽其才；江苏省张家港后塍高中：真诚为本，方圆有度；南京市江宁科学园小学：率真、高效；江苏省金湖县机关幼儿园：规范强品质，师本增品位；广东省广州市花东镇北兴小学：以礼待人、以情动人、以法安人；江苏省泗洪县明德学校：处之度德，行之量才。

管理理念是对一切治校行为最基本、最抽象的指导思想，在总的管理思想的统领下，学校还可酌情设计规划理念、人才理念、质量理念、教师行为准则等具体的治校理念。例如——

◇南京师范大学附属扬子中学管理理念：精诚、精心、精细、精进。

☆规划理念：放眼办学，立跟治校。

☆人才理念：人当其才，益精其能。

☆质量理念：精创提升品质。

☆教师行为准则：立于信，精于思，慎于行。

◇四川省德阳市第五中学管理理念：师本为前提，制度为导向，执行为保证，沟通为手段，增效为目标。

☆规划理念：高规格立校，宽视野办学。

☆教师行为准则：正心尽职，开明亲善，博取精修，乐育善教。

☆人才理念：唯能是举，人尽其才。

☆质量理念：质量从教师智慧获得，质量由学生素质体现。

☆服务理念：亲和、高效。

在所有管理理念的下位理念中，有一个理念我认为十分重要，就是办学要略。所以，我在这一讲中把它单独拿出来作一论述。

办学要略策划

大家都知道美国管理学家彼得·德鲁克提出的“木桶原理”，又叫“短板效应”。它说的是由多块木板箍成的木桶，盛水量是由这些木板共同决定的，若其中一块木板很短，那么这个木桶的盛水量就被短板限制，这块短板就是制约发展的关键因素。但后来有人打破这种思维定势，提出了“斜木桶原理”，你只要将木桶巧妙地斜过来放，那么桶里能装多少水，便取决于最长的那块板。只要把那块板加长，就足以增加木桶的整体容量；即使木板都偏短，只要有一块足够长，我们也能存放相对多的水。在学校管理的思路里，“补短板”和“做长板”都是学校重要的生长点，是学校发展的“牛鼻子”，也就是我们所称的办学要略。

所谓办学要略，是指从学校的实践中高度概括出来的、为解决关键问题或提升核心发展力而需着重实施的办学领域与策略。学校工作千头万绪，指向也各不相同，平均用力显然不是科学的态度。这就需要我们将一切事项纳入“一盘棋”中考虑，从眼下最需要改进的方面和学校未来发展大局的结合点出发，在所有矛盾中抓住主要矛盾，也就是重点做好那些能促使学校迅速进步的关键工作，再以纲举目张之势带动学校全局工作的进步。

如上所言，策划办学要略的出发点既可以是补短，也可以是扬长。所谓补短，就是解决问题、突破难点。如果能切中制约学校发展的“命门”，针对其中某一个或几个关键问题制定出科学的转化策略并落实到位，则学校的进步指日可待。所谓扬长，就是促进发展、提升品位，即针对学校核心发展力的提升研制突破计划。至于究竟是从哪一端入手，这需要针对学校具体诉求综合考量。当然，“补短”与“扬长”之间并没有绝对的分水岭，甚至在实施的过程中短处将有可能发展为学校的特长。这就需要我们审时度势，整体谋划并有效实施。下面这个例子主要是着眼于学校在新一轮发展中需重点建设的方面提炼出的办学要略——

◇江苏省苏州市湘城小学办学要略：理念引领，特色导向，科研奠基，课程支撑。

理念引领，意味着要在所有工作中以学校全员认同的核心理念为主导，以学生核心素养和学校愿景为指向，以一训三风为行动准则，以教育理念为专业素养，目标明确、凝心聚力地谋发展。

特色导向，意味着要围绕多年形成的“沈周文化”布局学校战略，将学校管理、课程建设、德育与教学、教师专业发展、环境提升等都聚焦于特色建设的大旗之下，把业已具有一定辨识度和影响力的特色文化向更高水平推进。

科研奠基，意味着要将教育科研当作学校的常规工作，要充分认识到没有高水平的教师队伍就没有高质量的教育，没有科研型教师就没有成功的教育改革。要把教育科研的重心降下来，让它为教师专业发展服务；要把课题研究的难度降下来，让它符合教师实际；要把教育教学反思的要求降下来，让它成为教师的生活方式。

课程支撑，意味着要把课程当作提升办学效益的重中之重，当作践行教育理念和实现教育理想的最主要载体，当作促进学生发展、完成育人使命的最基本的实现机制；意味着需要有新观念的提出和新经验的创立，有新的实施模式和策略的建构，有独特的教学设计和有意识的临场情境创设等。

此外，我还针对其他一些学校的实态提出了各不相同的办学要略——南京市东庐中学：构建“合融教育”体系，形成更高层次的学校品牌；浙江省乐清国际外国语学校：举品牌教师，优外语特色，拓培养模式；鄂尔多斯生态环境职业学院：德育为先，技能为本，立足就业，服务社会；江苏省张家港外国语学校：创外语教育综合特色，树新兴外校品牌典范；江苏省苏州工业园区第六中学：加强师训，加力学规，加速教改；南京江宁科学园小学：教学行为上规范，科学教育创品牌；江苏省张家港后塍高中：校本培训为先，品牌培育为上；南京市浦口实小高新分校：教师提速发展为源，课程多元建构为纲，教学适性建模为基。

第十讲　师生誓词、学校宣言策划

不闻大论则志不宏，不听至言则心不固。

——［汉］荀悦《申鉴·杂言下》

这一讲主要想向大家介绍一下师生誓词和学校宣言的基本概念与撰写思路。严格来说，它们不属于办学理念，而是办学理念相关内容的文本表达。但因为它们集中展现了办学理念的内容，又是办学理念直达师生乃至社会公众内心的重要载体，所以这两者在学校理念体系中有着特殊的作用，我也就把它们列入办学理念策划范畴，并在本讲对它们作一个简要介绍。

师生誓词策划

誓词又可以称作誓言、誓约，就是表达决心的言辞。这个词最早见于唐代李翱的《释怀赋》："昔誓词而约交兮，期共死而皆居。"誓词是在宣誓时使用的，宣誓就是用最郑重的形式承诺做到誓词中的内容，以起到约束人心、承担使命、砥砺奋进的作用，并请接受誓言者监督。

对于各类誓词及其宣誓，我们并不陌生，从最古老的希波克拉底誓言，到入队、入团、入党宣誓，到法庭上的起誓，再到许多行业的入职宣誓。它是我们许多人成长经历的一部分，对我们的精神世界有着难以磨灭的影响。

在学校文化战略策划中，我有一个基本主张，就是学校的教育活动能仪式化的尽量仪式化，因为我们都知道仪式对人们的心灵会产生净化作用，对人们的境界会产生升华作用。在各种教育仪式中，当然也包括师生宣誓仪式，有宣誓，自然就要有誓词。所谓师生誓词，就是师生承诺必须信守的规约。它可以将学校的教育主张分别内化为师生的追求，具有引导、激励、规诫师生的效用。换句话说，我们可以根据教师誓词和学生誓词的不同指向，将办学理念的相关内容巧妙地融入誓词之中，再使师生通过一次次的宣誓，不断识记、理解、认同学校所倡导的价值观，最终转化为自己的信念，并落实到行动上。

由上可见，师生誓词的内容是非常重要的。但你若搜索一下就会发现，网上所载的很多教师誓词就是各种口号的堆砌，有的甚至直接将教育部颁布的师德规范拿来当誓词使用。这种缺少校本特质的誓词，效用显然是要大打折扣的。

还有一种情况，就是现在很多市级教育部门都设计了全市统一的教师誓词，那么它跟学校自己的教师誓词该如何区别使用？甚至，还要不要学校的教师誓词？对于这个问题，我是这么看的：校本化的誓词肯定需要，因为它是学校理念内化为教师信念的重要载体，所以全市性的誓词可以在新教师入职时使用，或按照教育行政部门的具体规定去做，平时则可以使用学校自己的誓词。

那么怎么用呢？根据我在一些学校的策划实践，一般有两种制度化的模式：一种是在每个月的第一次全校升旗仪式中增加一个程序，就是由校长率领全体教师，在全校学生的见证之下，面对国旗校旗宣誓；有的学校认为每月一次偏多，那么就选择第二种，在每学期的第一次升旗仪式上宣誓。除此以外，学校也可根据需要举行教师宣誓。

刚才说的是教师宣誓。那么学生怎么做呢？一个常规性做法，就是每周升旗仪式，在升国旗唱国歌、升校旗唱校歌之后，举行学生宣誓。这个做法适合所有初高中学生和职校学生。当然，幼儿园的孩子是不适合宣誓的，毕竟他们对誓词的内容还难以理解。小学生需不需要宣誓，可由学校自行决定。我个人的看法是，不妨分低年段和中高年段两套誓词，低年级学生的誓词内容简单一些，哪怕就像少先队呼号“时刻准备着”那样，但宣誓仪式还是要有的，它可以让孩子们从小就形成信仰、敬畏、自我激励之心。

下面我们来看几所学校的师生誓词——

◇南京师范大学附属扬子中学师生誓词。

☆我是扬子中学教师，我宣誓：/严格信守教师道德，/依法履行教师职责，/以“尽精微、致广大”为事业追求，/全面拓展学生生存素养，/全力增进师生生命质量，/努力做到立于信、精于思、慎于行，/努力用精粹的人格陶冶学生，/用精湛的教艺启迪学生，/用精深的才识丰富学生。/我宣誓我将履行承诺、矢志不渝，/以全部的信心和智慧捍卫教师荣誉、/光大教育伟业！

☆我是扬子中学学生，/我风华正茂、意气飞扬，/我冰清玉洁、人格高尚。/我宣誓：/严格遵守学校纪律，/全心维护学校形象，/努力做到明理精义、体健心强。/我宣誓：/尽精微孜孜以求，/致广大蒸蒸日上。/我宣誓：/我将不辜负长辈厚望，/无愧于青春时光，/用智慧创造奇迹，/用勤奋赢得我志在必得的辉煌！

◇重庆市第十八中学师生誓词。

☆我是光荣的十八中教师，/我以人类发展最神圣的职责为己任，/我以太阳底下最光辉的事业为骄傲。/我宣誓：/履行教师的全部义务，/恪守教师的一切规范。/秉“树本砺新”之理念，/仰“中华名校”之愿景，/德建名齐，养书生本色，/高怀致远，蕴英才气象。/我宣誓：/我将牢记承诺，坚定不移，/尽终身职责为专业修深度，为文化立高度，/为教育献智慧，为事业铸辉煌！

☆我是光荣的十八中学生，/信念和名誉是我的坚守，/法规和校纪是我的准纲。/我宣誓：/心念国家民族，志在少年自强，/海纳百川学有所成，/德建名齐业有所长。/立于信，勤于学，敏于行，/遵师训，敬友朋，崇大成。/我宣誓：/我要用智慧赢得胜利，/我要用奋斗成就理想。/让国旗校旗见证我的誓言——/不忘书生本色，常怀英才气象！

◇江苏省金湖县机关幼儿园教师誓词。

幼儿教师，我所选择的崇高职业；/启蒙教育，我所担当的神圣使命。/我庄严宣誓：/心念大爱，行求上品，/启润尽善，情智共生。/我将信守“爱之深切，计之深远”的园训，/秉天真本性，/养乐群品性，/育灵动悟性。/关爱幼儿每一天，/普惠幼儿每一个。/我宣誓：/永存幸福从教之心，/——因为我爱，因为我有爱！

学校宣言策划

所谓宣言，《现代汉语词典》的解释是：国家、政党或团体对重大问题公开表示意见以进行宣传号召的文告。一般来说，宣言至少具有这几个特点：一是庄严性，极为严肃地公布自己的主张，它的口吻、行文、姿态都充满认真慎重的色彩；二是坦诚性，不存在含糊其辞的表述，必须公开主张，而且态度鲜明；三是鼓动性，它公开昭示自己的主见，为此总是充满情感色彩，充满号召与呈请的意味。对于宣言，我们最耳熟能详的恐怕就是《共产党宣言》了。

说到学校宣言，是学校就办学理念与理想而对外发布的公告。

它的功能主要有二：一是对办学理念的公示，二是对学校所信奉和追求的教育理想的庄严承诺。它是办学理念的载体，以文本化的形式直观而生动地展示学校的理性形象，传达学校的价值追求。所以，我对所有学校都会提出这样的要求：将学校宣言在校门区域用合适的方式展示出来！

说到学校宣言，有两组关系需要澄清一下：

一是与学校赋的关系。如今有不少学校喜欢撰写校赋，有的将校赋替代了宣言，有的是两者并列使用，我虽然没帮学校写过赋文，但也对许多校赋案例作过研究。校赋是传播学校理念、传承人文精神、提升学校形象的一种文本形式，它往往需要记载学校的前世、今生以及对未来的畅想，它有史志与宣示等多种功能。所以，它比学校宣言的体量要大得多，常常是纵横开阖、动辄千言，否则无法周全所有信息。而我无论是阅读文本还是在学校现场阅读校赋实景展示，都因为太长，免不了有一种难以坚持读到最后的心理体验。因而，校赋虽有它独特的作用，但相比于宣言在内容上的凝练和聚焦，以及展示出来后在视觉和心灵上的冲击力，它的功效是欠缺的。

二是与教师誓词的关系。在现实中，有些学校把教师誓词拿来作为学校宣言使用，这种做法显然不妥。教师誓词是对师德师能的激励和规约，而学校宣言则是对办学理念的展示和承诺，它们的内容指向及功能性质各不相同，不能混用或替代。

因为学校宣言需要对外展示，所以在内容上我主张将学校的办学理念融于其内，而不一定再在环境布置中另行展示；在写作风格上，则希望尽力做到文字优美、文采飞扬，以强化感染人、鼓舞人、震撼人的功效，充分彰显和提升学校精神力。

在实际策划中，我创作学校宣言时使用过三种文体，可供参考。

第一种是白话体，就是用现代汉语来表述。它浅显通俗，语言生动，生活气息浓厚，富有表现力。对新学校、外国语学校、小学和幼儿园等可考虑使用这种文体。我们来看几个案例——

◇江苏省张家港外国语学校宣言。

我们是一所精品化、个性化、国际化的十二年一贯制民办外国语学校。在新世纪的征程上，我们的内心满载着教育的光荣与梦想。

21世纪的学校要在教育市场竞争中脱颖而出，就必须坚定地走文化兴校之路。这种使命感呼唤我们行动起来，以高屋建瓴的境界和审时度势的智慧，遵循“科学人文共生共长、中学西学相辅相成”的办学理念，在“和衷共生，创意唯新”的学校精神激励下，努力用理想的教育去实现教育的理想。

我们深知，作为外国语学校，这里是广大学子走向世界的起点，因此我们致力于塑造具有民族魂和世界观的、健康自由的现代人，用“和立、和生、和达”的校训激励学生，使他们学会求知与创造、合作与竞争、自立与达人，成为全球化的开放时代里有所作为的弄潮者。

我们确信，品牌建设是学校战略发展的核心，品牌竞争是未来教育竞争的最后归宿，因此我们致力于创外语教育综合特色，树新兴外校品牌典范，全力打造令人信服和信赖的办学优势，以独具魅力的品牌战略个性卓立于教育之林。

发展，时不我待；辉煌，曙光已现。我们每一位外校人都将聚志凝心、励精图治、全力以赴，共同缔造美好的未来愿景——做中国卓越的、有影响力的新型外国语学校。

◇江苏省苏州工业园区第六中学“共美宣言”。

美美与共，是我们全心信奉的办学哲学。追求美美与共，意味着追求真善美的共生性，意味着追求学校发展的独特性、新奇性、可持续性。

我们认为，真正的教育不只是记忆知识，也不只是学习谋生技能，而是开发受教育者的生命力，使他们形成内在的德性美、个性美和外在的学业美、言行美兼备的智慧结构与生命状态。在这个意义上，教育的本质就是“共美”。

为此，我们以“崇美、修美、彰美、创美”为学校使命，以“育成人美德，蕴成才美志”为教育理念，在“和美协进”的学校精神激励下，恪守“怀美行，养美才，增美质”的校训，努力建设“共美文化”，努力培养彬彬有礼、天天向上的自主发展型学生，致力于将学校建设成为慧美其文、精美其质、弘美其名的百姓满意学园。

第二种是文言体，就是以古汉语为书面语言来表述。它行文更为简洁，而且为了追求语言的内容美与形式美，还要适当考虑骈骊对仗、音律工整，这就使得宣言更具有渲染和震撼的效果。我们再来看几个案例——

◇浙江海亮教育集团“海亮教育宣言”。

郁郁会稽，泱泱浣江；耕读传世，爰有海亮。甲戌建学，后来居上；风云际会，新学煌煌。尚志尚真尚勤，看学子气概；至优至博至新，树学苑风尚。服务社会，泽被后人，只为功德敦化；诚信为本，奉献至上，惟记师者担当；心念大爱，行求致远，期愿宏志显彰。赋创新智慧于生活，教学相长；蕴精彩个性于生命，百炼成钢。情系祖国少年必自强，胸怀全球行者永无疆。誓曰：做中国一流，民办教育看我海亮；冀世界知名，基础教育有我海亮！

◇南京市东庐中学宣言。

教化之本，自学校始；学校之兴，自奋进始。20世纪末期，吾校于困境中发轫，立足本色，抱朴求新，执著务实，励精图治，含教改之英，茹创新之实，经数载拼搏，乃建言立范，初成教业。

然则雄关漫道，进无止境。为期庐中层楼更上，为求学子雏音尽展，我们深悟必以品牌立身、文化正心。遂立志治校遵循气法自然之宗旨，兴学追求多元合融之精义；辅学以博，文质以淳；弘扬东庐文化、树立办学榜样，以人文精神辐射乡里，以教改经验造福一方。我们将引八方智慧，举全校心力，凝神聚志，锲而不舍，力争尽早实现吾校美好愿景！

◇南京师范大学附属扬子中学宣言。

世之有学，教为本也；教之有方，校为本也。吾校立学于扬子江畔，兴教于科技新区，承传人文风物，弘扬爱民教义，其志浩浩乎领教坛新风，其行灿灿乎居方圆高端。数历程不过廿载，论品质直趋五星。

美哉！吾校。青春作伴学风盛，美德流韵正气旺。尽精微孜孜以求，致广大蒸蒸日上。看幸福校园，高雅精信、涵容协进；数意气学子，明理精义、体健心强。育人必全面拓展、德才兼备；施教必倾力精进、教学相长。

壮哉！吾校。大志宏图，至精为尚；卓越教育，桃李竞芳。以实求精，惟精惟一，以精求强，崇善崇上。含教改之春华，咀创新之秋实，采八方之睿智，扬一己之特长。为民执教，造福城乡；为国办学，栽育栋梁。

吾辈深谙：业不精者不能科学发展，志不笃者岂可跨越图强。遂决心以精创提升品质，树高中教育精英风范；以精诚取信社会，创基础教育精品强校。上下同德，全力奉献；师生偕行，共写辉煌。

伟哉至精，大业既创！

义哉至精，吾校永昌！

第三种文体，我把它叫作“诗经”体，就是用四言诗歌的格式来表述。这种表述最为凝练，视觉冲击力也最强，如果对办学理念的内容概括得周全且文采卓越，那么它所彰显的文化力一定是最强的。下面这两个例子可以感受一下——

◇南京市燕子矶中学“协进宣言”。

峻哉其崖，渊哉其江。胜地遗泽，吾校承望。

大义盛智，且因且扬。文脉绵绵，铎振一方。

俊少淑子，行正学芳。经师人师，立范建纲。

协进为本，精诚至上。惟勤惟实，知微知彰。

高山景行，乾乾自强。其命维新，与日俱长。

大道如砥，行者无疆。赳赳协进，地阔天苍！

◇重庆市第十八中学“砺新宣言”。

巍巍铁山，渊渊两江。我居其畔，器宇轩昂。

兴庠启悟，德被一方。朝斯夕斯，既循且扬。

德建名齐，书生本望；创思拓行，英才气象。

直木利金，师道正纲。品量宽弘，研教明昌。

术业弥精，文化惟彰。高怀致远，大气清亮。

共生有秩，绿境无疆。树本砺新，其道大光。

到此为止，我们的系列讲座就全部结束了。

最后必须强调的是，不仅每所学校办学理念的具体内涵需要体现科学性与先进性，人们对办学理念本身的认识也应该是一种动态建构。尤其是呼之欲出的“未来学校”对学校的理念建设提出了新的课题，需要我们积极面对和有效回应，甚至进行适度的超前思考，以保持办学理念与时俱进的生命活力。

附录1

江西省宜春市化成小学办学理念

【核心理念】

谨教化，养大成。

阐释：

“莫以宜春远，江山多胜游”，古往今来，诸多文人雅士在宜春留下足迹与故事。宜春八景之一的“化成晚钟”及“李卢之谊”的典故，诉说着读书人的追求与抱负，彰显着古城崇学重教的优良传统。“化成”一词，文脉隽永，具“赞天地之化育”与“裁成辅相”之义。因写下“我行宜春野，四顾多奇山”而与宜春结缘的宋代理学家朱熹在《中庸章句》中论述了“化成”中所蕴含的天人合一思想。古代先贤的教育哲思值得我们反复揣摩，再三回味。我们这所有幸以“化成”命名的小学发轫于20世纪50年代之初，薪火相传，已逾甲子。为传承区域文化传统，凸显学校文化个性，以文化兴校战略提升学校教育品质与办学品位，我们特回望办学历程，梳理文化脉络，采撷文化亮点，强化文化符号，解析办学理念的逻辑起点与生长发展的价值追求，提炼出“谨教化，养大成”这一核心理念。

谨教化——语出东汉扬雄的《法言》:“君子为国，张其纲纪，谨其教化。”谨：恭敬、尊重，认真面对；教化：教育感化，既强调学习中的讲授传递，又注重生活中的潜移默化。“谨教化”意指，我们秉持谨慎认真的态度致力学校发展，尊重知识更尊重生命，以教育为上，以发展为重，以全部精神心智实现教师与学生的共生共长。

养大成——“大成”乃是中国传统文化的重要内涵，是世人极力追求的至高人生境界。“大成”多用以表示大的成就，涵义丰富，可指事功大成，可指学问大成，可指道德大成。“养大成”意指，我们对学校未来的发展、教师与学生的成长饱含殷切的期盼与持恒的养蕴，放眼未来又脚踏实地。

我校多年来尊重儿童成长规律，坚持走科学发展、持续发展之路，为实现教育理想与追求，踏踏实实，一步一个脚印；勤勤恳恳，一天一点收获。“谨教化，养大成”既是我们对学校办学传统的继承与回应，也是我校教育生态、文化性格的描摹与写照。我们将在这一核心理念指引之下，为区域文化创生筑起一方高地，努力把学校打造成为宜春教育的一道靓丽而别致的风景。

【品牌定位】

大成文化。

阐释：

我校大成文化品牌的结构体系如下：

“大成文化”与学校“谨教化，养大成”的核心理念声息相应，也是对所有办学理念的凝练，是这些理念的操作性纲领。推出“大成文化”品牌，从战略的高度说，对外可锻造化成小学的理念识别符号，使广大公众直观地感知学校，认识学校的价值追求；对内可将所有工作的价值取向归于一个焦点，凝聚全校上下心智，使得办学行为更加科学规范、精致高效、富有特色。具体见下表：

品牌结构		内涵特质	目标指向	实施路径
品牌标志	品牌组成			
大成文化	智慧型教师	以教师优质发展为源	强化使命意识 提升教学智慧	……
	宽基型学生	以学生全面成长为本	丰富教育路径 优化个性特长	……
	新百科课程	以课程多元建构为纲	健全课程体系 拓展课程领域	……
	品质化教学	以教学适性高效为基	严格课堂规则 灵活教学方法	……
	精致化管理	以管理刚柔并济为策	强化制度权威 细化规章落实	……

【育人使命】

砺其行，宽其学，创其思，扬其长。

阐释：

砺其行——砥节砺行、磨炼气节德行之意。德才兼备，德在才先，我们倡导在日常教育中时时处处重视对学生德性的培养，帮助学生形成积极向上的生活态度与稳定优良的行为习惯。

宽其学——努力拓展学生的知识面。我们倡导选择正确的路径和方法，以开阔的视野和胸襟，广泛吸收一切优秀文明成果和先进教育理念，在切实保证知识深度的同时，充分拓宽知识的广度，让学生有更丰富的知识并学会运用知识，有更多的选择并学会自主选择。

创其思——开发学生的创造性思维，倡导提升学生的思维品质，让他们主动思考、学会思考，锻炼他们解决问题的综合能力并创造机会让他们身心投入，积极参加展示与实践活动。

扬其长——确立“天生我材必有用”的人才观，善于发现学生的优势与特长，并且搭建多种形式、不同层次的平台，鼓励、引导他们充分发掘自身天赋，展示自身亮点，滋养学生主动学习、乐观生活的健康心态。

“砺其行，宽其学，创其思，扬其长”的育人使命，是关于学生知识、技能、情感、态度、价值观等多方面要求的综合性、校本化的表达。而德行、学识、思维、特长，正是一个人未来发展之根本要义。这一使命的提出与明确，有利于管理者有针对性地升格学校制度体系，完善学校课程体系，从自然发展更好地走向自觉发展。

【学校愿景】

教育生态丰富、品牌特色鲜明的文化高地。

阐释：

教育生态丰富——教育生态指学校内部各要素之间、学校和环境之间相互作用的机制和形态。教育生态丰富，即学校各要素的关系机理是自然的、和谐的、可持续的，具备共生性、多样性的特点，意味着我们期望建立多样化的教育平台，设计多样化的课程内容，实施多样化的教育服务，尽力满足不同学生个性化的教育预期。

品牌特色鲜明——学校品牌是学校基于自身实态而建构的一种独特的战略体系，是学校办学的本质特征和根本诉求所产生的社会效益。我们期望大成文化品牌不断凝练，不断升华，不断为人所熟知，成为高品质（教育质量过硬）、高品位（文化内涵丰富）和高品效（社会影响力广泛）的优质教育品牌。

文化高地——作为教育人，我们有责任提升、完善学校文化的影响和效能，真正使文化成为展示学校独特形象、凝聚学校成员心智、推动学校长足发展的巨大能源，不断勇攀高峰，高位发展，引领区域内学校文化的优化创新。

我们对学校愿景作如上界定，既表达了我们追崇“大成”的教育理想，明确了办学的意义，同时也是学校社会责任担当的一种体现。

【学校精神】

拓荒牛精神——深耕、锐进、持恒。

阐释：

深耕——潜心于教育事业，将教育工作不断深化，做精做实；

锐进——永不满足于现状，永远不向困难低头，精诚合作，锐意进取；

持恒——坚定信念，克服倦怠，不断突破学校发展的瓶颈，保持持续发展的势头与动力。

我校前身为牛王庙小学，牛可以视作学校的一种“精神图腾”，“拓荒牛”是学校形象和精神的绝佳写照。学校在60多年的办学中摸爬滚打，充分利用现有条件，充分发挥自身优势，用心血和汗水谱写了不凡的教育篇章。我们凝练出“深耕、锐进、持恒”的拓荒牛精神，就是期待学校中人继续发扬这种精神，在这片教育热土上不懈耕耘，有所作为。

【校训】

行以亲贤，学以达理。

阐释：

行以亲贤——所谓见贤思齐，在修养德行的过程中，我们提倡追慕贤者、砺志成才，既要向先贤看齐，更要与身边的贤人交流对话。好的榜样给人感动与震撼，激励我们不断提升自我，完善自我。

学以达理——明朝宜春籍科学家宋应星的巨著《天工开物》被誉为“中国17世纪的工艺百科全书”，达理就是对开物成务（通晓世间万物之道理并依理成事）的一种传承与弘扬。学习不仅是要

“知其然”，更要“知其所以然”，重知识的习得，更注重对规律的把握，对事理的通晓。

“行以亲贤，学以达理”的校训，从品与学两个领域、知与行两个层面、过程与结果两个维度表达了我校个性化的教育主张，揭示了“砺其行，宽其学，创其思，扬其长”的育人使命的实现路径，对全校师生具有直观而巨大的激励作用。

【教育理念】

儿童即成长，教育重相伴；儿童即可能，教育重探索；儿童即创造，教育重助益。

阐释：

儿童即成长，教育重相伴——儿童本身就意味着成长，尊重儿童的成长性是最基本的教育伦理，教育儿童的目的应是最充分地发展儿童的个性、才智和身心能力，而陪伴则被视为最好的教育方式之一。我们倡导蹲下身来亲近儿童，以发展的眼光看待儿童，与儿童一起快乐成长，共享幸福。

儿童即可能，教育重探索——小学六年对于人的一生来说有着非比寻常的关键意义，是一个人社会化发展和个性化发展的重要阶段。儿童在学习生活中不断尝试各种可能，不断生成和展现新的思想，逐步尝试了解自己、他人，尝试融入群体、接触社会。基于此，我们就应不断尝试各种教育内容和方法，以适应、契合并引导儿童将无限的可能转化为丰富的现实。

儿童即创造，教育重助益——不断遇见美好、创造美好是每个人的梦想，也是学习生活的价值意蕴。“如果有一个创造性事件，这就是一个！”作为教师，我们必须让学生建立起这种意识，既要有静待花开的坚守，也要在儿童成长过程中给予帮助与指导，鼓励他们去发现，去创造，给他们阳光、爱及呵护。

上述教育理念既立足儿童天性，又面向教育理想；既注重学生眼下的生存之道，又着眼他们的长远发展。它是我们在思考和回答小学教育究竟是什么、应当怎样、有什么价值、如何更好地实现价值等问题的过程中形成的一种校本化的教育观念，这种观念对于指导我们的教育实践具有根本性和坚定性。

【管理理念】

情理相衡，策行有方，奇正共生。

阐释：

情理相衡——将人性化管理与制度化管理有效结合、彼此制衡，使学校管理合情合理；

策行有方——学校的决策与执行得法得当，能够做到科学民主决策，高效有序执行；

奇正共生——奇正原是军事术语，在此指学校管理既遵循常规，又不拘一格，勇于创新。

对管理理念作如上表述体现的是对立统一、相辅相成的哲学思想，是在学校核心理念指引下对本校管理现状的提炼与管理理想的框定。未来社会及教育形势将日益多元化、复杂化，而只要我们牢牢握住“情理相衡，策行有方，奇正共生”这一管理利器，坚持用先进的理念教导人，用明确的目标激励人，用严格的制度约束人，用榜样的力量感召人，就一定能顺势而变、与时俱进。

【教师誓词】

我是化成小学教师，

我拥有生命园丁的光荣称号，

我肩负教书育人的神圣使命。

为此，我庄严宣誓：

光大“深耕、锐进、持恒”的拓荒牛精神，
恪守“行以亲贤，学以达理”的校训，
践行“重相伴，重探索，重助益”的教育理念，
砺学生之行，宽学生之学，
创学生之思，扬学生之长。
我宣誓：
我将不负厚望，智慧发展，
让学生快乐成长，助学校步步辉煌！

【学校宣言】

美哉化成，庚寅兴庠，岁月蕴沧桑。
亲贤达理，深耕锐进，器宇正轩昂。
相伴成长，助益创造，师者有担当。
砺行宽学，创思扬长，少年欲自强。
生态丰富，特色鲜明，文化新气象。
谨其教化，养其大成，百世永流芳。

附录 2

江苏省建湖县上冈高级中学办学理念

【核心理念】

鸿文。

阐释：

每所学校都有唯一属于自己的历史，学校的文化与发展脉络都有各自的内在规定性，我们对学校现时价值观念和行为方式的认识，对一切办学实态的解读，只能且必须在这一前提下进行。我校源于 1931 年创办的私立鸿文中学，前人命名“鸿文”，显然寄予了特定的教育寓意和文化追求。它是学校独享的宝贵精神财富，我们必须深入到背后去探寻和感受其价值，必须准确解读学校的文化图谱，并创造性地将其作为未来发展的核心依据。

鸿文，是我校与生俱来、根深蒂固的文化基因，是 80 多年历史进程中一以贯之的文化命脉，是他人无法复制、难以仿效的文化个性。

鸿文，从字面理解，就是对“文”的尊尚、追崇、弘扬。这里的“文”在中国传统文化中有着极为丰富的内涵，如：“敏而好学，不耻下问，是以谓之文也。”（《论语》）“贵本之谓文。”（《荀子》)“经纬天地曰文，道德博闻曰文，勤学好问曰文，慈惠爱民曰文，愍民惠礼曰文……”(汉·司马迁《史记》)“……修德来远曰文。”(唐·梁肃《代太常答苏端驳杨绾谥议》)“明道之谓文，立教之谓文，可以辅俗化民之谓文。”(宋·宋濂《文说赠王生黼》)等。由上可见，在前人的理解和表述中，“文”兼有敏学、励志、崇德、民本、求真、重教等丰富的教育意蕴。

我校多年来正确把握办学方向、坚持教学中心地位、注重学校内涵建设、营造和谐民主环境，积极探索“轻负高效、低进高质”的发展之路，着力构建具有冈中特色的育人模式，办学成效十分显著，曾被誉为全省教育界“四大名旦两朵花”之一，被百姓称作“农家子弟成才的摇篮”和“农村中学的排头兵”。如此辉煌成就，正是立大志、展宏图、修文德、乐享精彩人生的“鸿文”底蕴的生动写照。

如今，在“十三五”开局之年，我们立志高远，精心谋划，把“鸿文”作为学校新一轮发展最核心的教育哲学和最高的价值追求，这既是对党和国家教育方针的校本化表达，又是对本校文化传统的继承与发扬，同时更有利于塑造学校鲜明的文化形象和战略个性，激励我们在更高的平台规划办学，在更新的境界塑造品牌，使冈中层楼更上、辉煌永续。

【学校定位】

底蕴深厚、潜力无限的农村四星级高中。

阐释：

底蕴深厚——

所有学校在自身发展过程中都会逐渐形成特有的文化基因与生命密码，越是历史悠久的学校，这种文化的底蕴就越加深厚。我校发轫于百年古镇，又历经80多年的风云沧桑，积淀并传承了丰富而独特的教育精神、理念、智慧乃至习俗，尤其是“鸿文”文脉博贯至今，造就了我校文化的厚度。可以说，“底蕴深厚”从现实形态的角度表达出我们不同于其他众多学校的根本特性。

潜力无限——

我校自易地重建后，校园面貌焕然一新，现代化教育设施一应俱全，校园环境舒适优美，这些都为学校的再次腾飞创造了极其优越的条件。如今我们正上下一心、励精图治、负重爬坡，教育质量已呈现明显回升态势，发展前景十分向好。可以说，“潜力无限”，从发展趋势的角度表达出我们不同于其他学校的根本特性。

农村四星级高中——

我们一直坚守在农村，以助推农家子弟成人成才为基本职责，是目前全省为数极少的农村四星级高中，“农”字是我们与生俱来并一以贯之的独特办学标志。

“底蕴深厚、潜力无限的农村四星级高中”这一定位，既体现了学校历史的纵深感，又表明了学校的现实形态，同时对学校未来发展具有指向性，能够明确回答我们学校“是什么”、“从哪里来”、“在哪里”的问题，能够帮助学校找准位置、确定方向，能够激励学校全员奋发努力、勇争上游。

【学校愿景】

师生悦心学园，百姓同心家园，社会称心乐园。

阐释：

师生悦心学园——

悦心，指心情快慰、愉悦。“师生悦心学园”是从学校内在属性所规划的愿景，指学校以其展现出的专业感、愉悦感等，成为师生心灵的皈依地，成为求学和育人的理想场域。我们办学，就是要努力把学校办成师生悦心的学园。只有悦心，教师才能乐业，学校才能留住人、发展人、成就人；只有悦心，学生才能敬学，才能更好地出成绩、出人才，从而为学校引来更多的“雏凤”。

百姓同心家园——

同心，指志同道合，有共同的思想或愿望。“百姓同心家园”是从学校外部环境所规划的愿景，指学校以其展现出的质量感、信赖感等，成为百姓齐心向往的家门口的好学校。我们办学，就是要努力把学校办成百姓同心的家园。只有把学校办出质量，办出影响，才会在百姓心中产生良好的归宿感和向心力，才会营造出有利于学校良性发展的舆论生态。

社会称心乐园——

称心，指合乎心愿，产生愉快感和满意心情。“社会称心乐园”是从学校社会影响所规划的愿景，指学校以其展现出的成就感、荣誉感等，成为人民满意、美誉广播的幸福校园。我们办学，就是要努力把学校办成社会称心的乐园。所谓办人民满意的学校，说到底就是要把促进人的全面发展、适应社会需要、为社会各方所称道作为衡量的根本标准。

一切办学的追求都要落实到学生及其家长对学校的高满意度，和学校对社会的高影响力、高美誉度上。以“师生悦心学园，百姓同心家园，社会称心乐园”为愿景，正是我们对这种教育理想的表达，它既秉承和弘扬了我校“鸿文”理念中“慈惠爱民”、“修德来远”的文化基因，也与我校前期提出的“做学生喜爱的教师，创家长放心的学校，办社会满意的教育”的办学宗旨一脉相承。

【学校使命】

成人当先，涵养全人之学；成才至上，孕育创生之志。

守望乡学，丰富教育生态；弘扬新学，增益教育智慧。

阐释：

成人当先，涵养全人之学；成才至上，孕育创生之志——

所谓“全人”，指人的生物性与社会性、现实性与未来性都获得和谐发展，让个体生命的自我适应和社会适应得到恰当的开发和健全。“成人”即意味着努力养育学生的全人之学，努力实施人之为人的教育、健全人格的教育，让学生既具备人的社会价值，成为社会所期望的合格公民，又体现人的自身价值，具备个人发展的生命质量。我校以农村孩子为基本生源，他们中有不少人将直接从这里走上社会，高中将成为他们系统接受学校教育的最后阶段，这就要求我们把育人置于比教书更重要的地位，将促进全体学生“成人”——成为适应社会需要、身心两健的合格公民作为最基本的育人理念。

所谓“创生”，意味着人成长的内源性、生成性、可持续性，它以人内部的生命力为动力，表现为不断的自我生成、自我变革、自我发展、自我完善的过程。“成才”即意味着让学生养成创生之志，具有积极淬炼创新精神和实践能力的志向，具有可自我完善、可持续发展的内生动力，成为社会所需的英才。我校作为升学预备型高中，承担着为高校输送人才的职责，这就要求我们努力激发学生潜能，将促进尽可能多的学生“成才”——成为能进入高校深造、具备可持续发展能力的高素质人才作为最理想的育人理念。

“贵本之谓文”，从我校实态出发，从教育规律出发，教育的本质落实于我校，首先就是要使学生“成人”（具备全人之学），最终体现为努力使学生“成才”（具备创生之志）。这是我校责无旁贷的育人使命。

守望乡学，丰富教育生态；弘扬新学，增益教育智慧——

我校所处地域决定了我们必须守望乡学，必须扛起农村教育的旗帜，必须坚定助推农家子弟成人成才的信念，必须坚守农村教育特有的沉静、淳朴、勤奋的品格，并在此基础上追求教育生态的丰富性。所谓教育生态，即在特定的社会环境中教育的生存状态，以及教育内部各要素之间、教育和环境之间相互作用的机制和形态。丰富教育生态，即努力使我校办学要素丰富完备，关系协调适度，具备共生、多样、优质、永续的办学特质，也就是要通过建立多样化的教育平台，设计多样化的课程内容，实施多样化的教育服务等，努力营造出能够促进学生个性与共性相美、学业与生活相融、现实与未来相和的成长环境。

我校所具有的地位决定了我们必须弘扬新学，必须不断追寻教育新理念、探索教育新规律、践行教育新技能，让唤醒、反思、体悟成为冈中人的生活方式，让勤于发现、勇于超越、不断完善自我、不断创造新质的教育智慧成为我们引领新学风范的标志。所谓教育智慧，是教育者在长期的教育实践和反思的基础上，在理论学习和教学工作的不断融合中逐渐形成的对教育规律性的把握和有效应对的综合能力。它具有内源性和创生性，可以为学校发展提供源源不断的内动力。当今时代已从静态的知识文化走向动态的智慧文化，教育智慧概念的提出对教师专业发展和学校优质发展具有划时代意义，教育新观念是在转化为教师和学校的教育智慧后才对实践发挥作用，而教育实践是在归结为教育智慧后才走向理性，才可以为人们所共享。从根本的意义上说，增益教育智慧，就是指向我校教育的高品质和高品位。

“立教之谓文”，从我校实态出发，从教育理想出发，立教的内涵落实于我校，就是立足乡村教育、追崇教育新理念，就是营造丰富的育人环境、提升教育的智慧性。这是我校义不容辞的办学使命。

【校训】

勤学达业，明道致行。

阐释：

勤学达业——

努力治学，并实现相应的成就。“勤学好问曰文”，勤学是学生的本分，达业是勤学的追求。

明道致行——

知晓道理，并落实于行动。“明道之谓文”，明道是做人的基准（其内涵也与我校原先校训“崇德”一脉相承），致行是明道的目标。

“勤学达业，明道致行”的校训，从品与学两个领域、知与行两个层面、过程与结果两个维度表达了我校个性化的教育主张。它与“成人当先，成才至上”的育人使命声息相应。同时，这个校训既格局高朗、文辞隽伟，又易于识记和传播，更可作为冈中代表性的文化标志。

【校风、教风、学风】

校风：信实共进。

教风：精严化育。

学风：含真博闻。

阐释：

信实共进——

信实，忠信精诚、敦仁笃实的意思，特指学校成员的精神气质。其中“信”体现的是做人的高度，“实”体现的是做人的厚度。共进，齐心协力、互助上进的意思，特指学校成员的精神追求。这一校风高度概括了我校原先提出的“团结协作，敬业奉献，勇创一流”的冈中精神和“实”字校风的内涵。

精严化育——

精严，精湛严谨的意思，特指教师的教育及治学态度。化育，教化培育的意思，具有润物无声、潜移默化的意涵，特指教师的教育原则和方式。所谓“可以辅俗化民之谓文”。这一教风表述既传承且丰富了我校原先的“严”字教风，又具化了“鸿文”理念对教师职业素养的指导性。

含真博闻——

含真，质朴纯真、执著求真的意思。它原本就是、也理应成为农村学生治学求知的基本素养。博闻，见闻广博、学识丰富的意思。所谓“道德博闻曰文”，博闻是孕育创生之志的必备条件。这一学风表述既传承且丰富了我校原先的“真”字学风，又具化了“鸿文”理念对学生学业素养的指导性。

“信实共进”的校风、“精严化育”的教风和“含真博闻”的学风，对于以鸿文为天职的冈中人来说，最为简洁地体现了我们的群体风尚和思想境界，应成为我们衡量办学成就的重要尺度，成为凝聚全校师生心智的重要价值准则。

【教育理念】

鸿文教育——个性与共性相美，学业与生活相融，现实与未来相和。

阐释：

个性与共性相美——

“共性”（社会化发展）和“个性”（个性化发展）是一个统一的过程，前者铸就个人的社会本质，为个人的个性化奠定基础；后者丰富人的个人本质，使个人成为“完整的人”。个人只有在社会化过程中才能实现个性化，也只有实现个性化才能使其社会化更自觉、更具有宽度和深度。个性化主要指个人性格特征、感情世界、行为方式和自我意识等的形成和发展过程，是个人实现自我价值和社会价值的过程。长期以来，国内学校教育普遍存在强调共性、忽视个性的现象，而事实上，教育的最高境界是为每一个孩子的发展提供个性化的支持，我们必须通过教育使不一样的生命展现不一样的精彩。我校主要面对的是成长环境相对单一的农村学生，他们发展的多样性受到诸多限制，这就更需要我们尽可能多地提供各种平台，让学生找到适合他们个性发展的路径。所以我们主张“个性与共性相美”，使受教育者的个性与共性共同发展、互为支撑、相美相谐。

学业与生活相融——

“学业”指向“技”（生存与发展所必需的知识和技能），“生活”指向“道”（生存与发展的生命体验和价值取向）。“生活即教育”，学校绝不是象牙塔，绝不是培养考试机器的场所，衡量办学质量的标准也绝不仅仅是升学率。读书学习必须与现实生活和社会实践密切关联、高度统一，必须使学生既善读有字之书，又善读无字之书。教育的最终意义就在于“学业与生活相融”，在于全面提升受教育者的品与学、身与心、志趣与智慧的水准，在于促进人生命的生长。这对视域相对受限、生活相对封闭的农村学生来说更具现实意义。

现实与未来相和——

“现实”要求我们于无声处见精神，“未来”鼓励我们风物长宜放眼量。我们正处于一个信息爆炸的时代，为了能够更好地适应未来社会的要求，就必须具备可持续发展的理念，将终身学习作为一种生活方式。基础教育学校所肩负的使命，既是教授学生已有的知识，还应该注重营造一种不断学习、乐于探究的氛围，优化学生的知识结构，为他们今后获取目前还不存在的知识打下坚实的基础。这也是我校培养学生具备可持续发展的创生之志的要求所决定的。此即我们主张的“现实与未来相和”。

我们的鸿文教育理念，是为了实现“全人之学、创生之志”的育人使命和践行“勤学达业，明道致行”的校训而提出的。它可以看作是我校“三全”、“三主”教育教学思想以及“导学制”教学特色的凝练和升华，它展示的是冈中人的教育理想，是学校成员在本校核心理念的引领下对教育美满形态的向往与追求。理想是对现实的超越，我们只有不满足于现实，才能去追求更加美好的未来。学校实现教育理想的过程，就是不断把理想变成现实的过程，就是不断创造学校辉煌的过程。以教育理想作为学校的教育理念，可以帮助教师们确立面向未来的教育信仰，有利于激励管理者以有容乃大的胸怀和高屋建瓴的眼光来决策学校事务，有利于激励广大教师以志存高远的眼光和矢志不渝的追求来完善自我、奉献学校。而这一切，正是学校发展的根本动力。

【管理理念】

贵师本，善引导，重执行，强效益。

阐释：

贵师本——

“贵本之谓文。”教师既是学校管理的对象，更是学校管理的主体。“贵师本”意味着学校的管理必须以师为本，必须启迪教师的教育自觉，要全心全意地依靠教师，尊重他们的民主权利，充分发挥广大教师的积极性和创造潜能，并最终落实于教师的智慧释放和幸福成长。

善引导——

卓越的学校管理，当是理在前管在后。“善引导”需要“静”中有“动”，需要强化和健全激励机制，需要具体问题具体分析，需要在尊重大局利益前提下尊重个性化诉求。这样可以使师生建立对规章制度的认同感，充分了解制度的本质和预期结果，充分认识到学校制度不仅仅约束、规范师生的行为，更多的是尊重师生的知情权、话语权、参与权、表决权等，是在保护师生的权益，促进师生发展，增进师生幸福。

重执行——

科学的学校管理绝不能轻调研、轻落实、轻实施、轻考评。“重执行”意味着办学者以战略性的眼光统筹学校事务，善于在不同的时空当中相应地进行谋篇布局，善于在普遍的基础上抓住重点，善于将精力合理分配于各工作环节并形成回路，善于把日常的工作做到位，尤其是要以科学的精神使制度条文、工作要求等尽力实现标准化、数量化、流程化。

强效益——

效益指管理的成效。所谓“强效益”，一是指社会效益，即有较高的知名度和美誉度；二是指经济效益，即有充足的生源，有政府与社会的资源支持；三是指管理效益，即建立起人本、民主、规范、高效的学校运转机制，在加强校本管理的科学性和规范性的同时，也增强其动态性和开放性，构建战略与策略相对接、行政与业务相协调、人与事相融合、管理与经营相支撑、时间与空间相匹配的办学框架，使管理真正起到为学校办学效能增进、办学水平提高服务的作用。“强效益”的表述，凝练了学校原先“质量立校、质量立人”管理方略的精华。

学校管理工作千头万绪，但举其纲要，则不外乎谁来做、怎么做等问题。科学立规、民主决策、高效执行，是提高办学质量的重要基础。“贵师本，善引导，重执行，强效益”的管理理念不仅准确表达了我们从事学校管理的思路，而且竭尽彰显了鸿文精神，展现出我校与众不同的管理风格与文化形象。

附录3

浙江省杭州市旅游职业学校办学理念

【核心理念】

晖光日新。

阐释：

晖光，本意指太阳的光芒。出自东汉扬雄《太玄》："其亡其亡，将至于晖光。"日新，每天都有新气象。《易·系辞上》："日新之谓盛德。"《礼记·大学》："苟日新，日日新，又日新。"晖光日新，《现代汉语词典》注释为：进德修业不懈，日日更新。语出西晋张华《励志》诗："进德修业，晖光日新。"

晖光日新，是对职业教育肩负使命的生动写照。我们知道，职业教育的根本任务就是要全面贯彻党的教育方针，遵循职业教育规律，适应技术进步、生产方式变革及社会公共服务的需要，培养高素质劳动者和技术技能人才。这个根本任务完全可以形象而准确地概括为"进德"与"修业"四字。且"日新"所蕴含和强调的发展的内源性、道德性、优质性、可持续性，也是我们对加快发展现代职业教育、实现技术技能人才全面发展的国家教育战略的校本化体现。

晖光日新，是对我校多年来致力建设的阳光文化的特征与核心价值的高度凝练。我校的阳光文化主张，就是要用阳光理念培养阳光学生，促进学生人格和精神的健康和谐成长；用阳光理念发展阳光教师，提高教师的职业成功感和幸福感；用阳光理念创建阳光校园，推动学校科学、均衡、持续发展。我们一路走来，阳光文化润物无声，浸染渗透在学校发展、师生成长的方方面面，“让学生快乐学习、让教师幸福工作、让校园和谐美丽”正从蓝图变为现实。而我校阳光文化建设所营造、所成就的这一切，正可以最抽象、最本质地概括为——进德修业，日日更新。

我们深谙先贤所提出的“晖光日新”的哲学意蕴与道德理想，不但汲取其积极向上、历久弥新的思想精髓，并且将其在当代价值观体系和教育语境中含弘光大。站在历史、现实与未来的结合点上，我们立志高远且脚踏实地，敬业奉献且拳拳图新，以永争一流的精神气概矢志不移地致力于学生成人成才，致力于教师幸福成功，致力于学校卓越发展。这种气度、智慧和境界所凝练出的核心理念，不仅是对过去30多年办学历史的形象写照，而且必将成为引领未来的精神火炬，激励我们在更高的平台上规划办学，在更新的层次上塑造品牌，使杭州旅职层楼更上、辉煌永续。

【学校定位】

功能定位：为现代服务业输送应用型人才的中等职业学校。

体制定位：学校、企业、协会携手共进的集团化学校。

形象定位：园林式校园、精致化教育、特色型文化。

阐释：

（1）为现代服务业输送应用型人才的中等职业学校——这是我校的功能定位，是指在详尽分析学校属性、专业属性及其在区域经济社会发展中所承担的作用的基础上，对学校主导性和支配性的性质与职能所作的界定。

现代服务业：是指以现代科学技术为主要支撑，建立在新的商业模式、服务方式和管理方法基础上的服务产业。依据世贸组织服务业分类标准对现代服务业的界定，我校所设置的旅游服务、酒店管理、园林技术、金融事务、商务助理专业皆属于现代服务业。

应用型人才：是指能将专业知识和技能应用于所从事的专业社会实践的一种人才类型，是熟练掌握社会生产或社会活动的基础知识和基本技能，主要从事一线生产或服务的技术、技能型人才。依据中职教育的性质，我校以培养和输送中级应用型人才为主要职能。

（2）学校、企业、协会携手共进的集团化学校——这是我校的体制定位，是对学校有关组织形式，如办学主体及参与者权利与义务的划分、机构的设置以及运行等各种关系和制度的确认。

集团化学校：特指以资源共享、优势互补为前提，以我校为龙头，相关中职和高职院校、企业、行业协会、培训机构等共同组建的职业教育联盟。它以打造“教学改革快车道、学生成才立交桥、教师发展直通车”为发展目标，以“服务职业教育、服务企业单位、服务区域经济”为己任，以“政府主导、行业指导、企业参与、学校主体”为运行机制，致力于盘活优质职教资源，打造旅游职教优势方阵，服务区域经济发展。

（3）园林式校园、精致化教育、特色型文化——这是我校的形象定位，指学校根据自身实态分析、同类学校差异比较、发展趋势预测等因素，对本校最核心的个性化特质所作出的界定。

园林式校园：指我校的建筑设施、草木植被、景观小品等环境建设，既如公园一般具有艺术性、审美性、休闲性，又兼具学校教育的规范性、安全性、参与性。

精致化教育：指教育工作聚焦重点、注重品质、追求卓越所达成的状态。它是对我校小班化模式、扁平化管理、选择性课程、参与式德育、高水平师资等诸多教育形态的共性特征的综合概括。

特色型文化：指我校多年来所致力建设的“阳光文化”已自成一体、形成特色，并在一定程度上成为学校的文化符号，成为学校的代名词。

【学校品牌】

阳光文化。

阐释：

“阳光”，蕴含着蓬勃的生机、旺盛的活力；“阳光”，意味着科学发展、持续发展；“阳光”，象征着保护与共生的一贯坚持；“阳光”，承载着发展与创新的不懈追求。我校“阳光文化”的品牌主张与“晖光日新”的核心理念声息相应，是对这一理念的符号化，也是这一理念的操作性纲领。阳光文化既是物质的也是精神的，既是历史的也是现实的，既是今天的也是明天的。阳光文化辐射教育活动的各个方面，教育活动同时也丰富完善着阳光文化的内涵。推出阳光文化品牌，从战略的高度说，对外可聚焦我校的理念识别符号，使广大公众直观地感知学校，认识学校的价值追求；对内可将所有工作的价值取向归于一个焦点，凝聚全校师生心智，全心全意谋发展。

我校阳光文化品牌的结构体系如下表所示：

品牌结构		内涵特质	目标指向	实施路径
品牌标志	品牌组成			
阳光文化	优美环境	大气 温暖 园林式	完善办学环境 强化育人功效	·规范视觉识别 ·升档物质环境 ·完善人文环境 ·充实听觉环境
	和谐情境	均衡 永续 精致化	提升办学行为 优化教育品质	·学校管理刚柔并济 ·课程教学奇正相生 ·学生成长内外兼修 ·教师发展德能至善
	光明心境	开放 卓越 特色型	落实办学理念 升华精神境界	·理念的确立与传播 ·理念的认同与内化 ·理念的改进与发展

如上表所示，我校以“晖光日新”为核心价值追求的阳光文化体系，由优美环境、和谐情境、光明心境三个部分组成。

优美环境——其内涵是大气、温暖、园林式，其目标是致力于办学环境的完善，以不断强化环境育人的功效。主要实施路径如下：

（1）规范视觉识别。即设计能充分解读出核心理念与品牌名称内涵的学校标志、校名标准字和标准色，设计一系列应用标准，并规范使用。

（2）升档物质环境。即增强校园硬件建设的数字化、智能化水平。

（3）完善人文环境。即强化环境景观建设的校本性、艺术性、互动性。

（4）充实听觉环境。即着眼于学校听觉环境的建设，引入并完善听觉元素如主题音乐（校歌）、标志音乐、行为识别音乐、钟/铃声规范、电话彩铃、广播站/电视台播音、课余音乐播放等。

和谐情境——其内涵是均衡、永续（可持续发展）、精致化，其目标是致力于办学行为的提升，以不断整体优化学校教育品质。主要实施路径如下：

（1）学校管理刚柔并济。坚持“立本生道，执固运通”的管理理念，建立刚柔并济和宽严结合的管理方式，做到刚严有度和柔宽有边，刚严保住底线，柔宽营造和谐氛围。

（2）课程教学奇正相生。课程的设置、实施、管理与改革等既遵循教育和专业的一般规律，又依据形势需要灵活应变，适时更新。“奇正相生”出自《孙子兵法》，意指常态与变式相辅相成。

（3）学生成长内外兼修。通过全员教育、全程教育、全方位教育，实现学生的文质俱美、知行兼优。

（4）教师发展德能至善。遵循“学做相生，情智相融，德业相成”的教育理念，教师努力提升师德与师能“双素质”，努力提升知识教学与实践指导“双能力”，实现与学生灵魂共振、共同发展。

光明心境——其内涵是开放、卓越、特色型，其目标是致力于办学理念的落实，以不断升华师生的精神境界。主要实施路径如下：

（1）理念的确立与传播。审慎确定、认真领会、积极解读、广泛传播晖光日新的阳光文化理念。

（2）理念的认同与内化。学校层面、部门与团队层面及教师个人结合本职工作细化理解、具化落实阳光文化理念，编制跟进方案，强化执行能力，最终实现认同与内化。

（3）理念的改进与发展。对理念体系以“立法”形式加以规范，尤其要对理念的变更编制具体的修订方案，以此保证理念的相对稳定和适时发展。

【学校使命】

育文质俱美、知行兼优的都市职业新秀；

创生态和融、品牌卓越的职教行业典范。

阐释：

文质俱美：外表言行与内心气质都很美好。这是对学生“进德”、“成人”的要求。知行兼优：知识水准与实践能力都很优秀。这是对学生“修业”、“成才”的要求。都市职业新秀：能适应大都市现代服务业工作的、具有发展潜力的职场新人。

——此段是学校的育人使命，是我们对党和国家教育方针的校本化表达。在这里，文与质、知与行相辅相成、相伴相生、相得益彰，充分体现出我校和谐、发展的阳光文化理念。只要我们努力践行这一育人使命，我们培养出的学生就必然是既符合德智体全面发展的共性要求，又能体现出我校培养应用型人才的个性理想。

生态和融：此处的生态特指学校内部各要素之间、学校和环境之间相互作用的机制和形态。生态和融意味着我校办学的要素丰富完备，关系协调适度，具备共生性、多样性、优质性、永续性。品牌卓越：学校品牌是学校基于自身实态而建构的一种独特的战略体系，是学校办学的本质特征和根本诉求所产生的社会效益。品牌卓越意味着我校的阳光文化品牌具有高品质（教育质量过硬）、高品位（文化内涵丰富）和高品效（社会影响力广泛）。职教行业典范：意指学校因具备内涵发展、优质发展、特色发展、可持续发展的特质而成为中等职业教育领域的示范和标杆。

——此段是学校的办学使命，是对学校存在价值的个性化概括。只要我们致力于经营这样的校园，那么一切教育的理想，一切办学的意义，都将在这里成为现实。

【学校精神】

万物生长，美美与共。

阐释：

每个人的需要、理想、目的等各有不同，因而成为不同样式的个体存在。从根本上说，个人的发展就在于其个性的发展，而个性的发展是社会进步的重要体现。由此我们主张“万物生长”，主张让不一样的生命展现不一样的精彩，主张每个人做最好的自己，使精神世界得以充分舒展。它既是教育的普遍价值，也是我校开明开放、日日更新的阳光文化的独特追求。

然而，个人个性化和个人社会化是一个统一的过程，后者铸就个人的社会本质，为个人的个性化奠定基础；前者丰富人的个人本质，使个人成为“完整的人”。个人只有在社会化过程中才能实现个性化。由此我们也倡导“美美与共”，倡导不同个性互相尊重、包容和欣赏，倡导每个人以大局为重，相濡以沫，同舟共济，真正找准自己在学校价值链上的位置，通过知识共享、能力互补来创造个人和学校的价值，从而形成校美我美、校荣我荣、校进我进的完美局面。它同样是教育的普遍价值，也同样是我校进德修业、共生共荣的阳光文化的独特追求。

【校训】

精义厚能。

阐释：

精义：在此作动宾结构理解，意为专注于义理（学问）与道义（德性）。

厚能：同样作动宾结构理解，指不断增益、强化技艺和能力。

职业教育需要教会学生的内容极为丰富，但归结其要者，不外乎“品”、“学”、“能”三个方面。以“精义厚能”为校训，正是从这三个方面体现了学校对受教育者的殷切期盼。并且这一校训最为具象地勾勒出核心理念“晖光日新”之“进德修业”的意涵，最为直接地揭示了“文质俱美、知行兼优”的育人使命的实现路径，最为凝练地体现了“学做相生，情智相融，德业相成”的教育理念所殷切期盼的培养目标。同时，这一校训也对教师努力提升师德与师能“双素质”和知识教学与实践指导“双能力”具有直观而巨大的激励作用。再者，此校训文辞简洁优美，利于全校成员识记、认同和践行。

【教育理念】

学做相生，情智相融，德业相成。

阐释：

学做相生——在做中学，在学中做，学与做相伴相生。这是从“技”（教育实践）的层面所提出的教育主张。

情智相融——以情促智，以智优情，情与智互通互进。这是从“艺”（教育智慧）的层面所提出的教育主张。

德业相成——德为成人，业为成才，德与业共勉共荣。这是从“道”（教育理想）的层面所提出的教育主张。

“学做相生，情智相融，德业相成”的理念既立足当下，又面向未来；既注重学生的生存之道，又着眼他们的发展空间。它是我们在思考和回答职业教育究竟是什么、应当怎样、有什么价值、如何更好地实现它的价值等问题的过程中形成的一种校本化的教育观念，这种观念对于指导我们的教育实践具有根本性和坚定性。

【管理理念】

立本生道，执固运通。

阐释：

立本生道——“本”，本质、根本、目的；“道”，途径、策略、手段。谓管理上首先要以人为本、存心养性、明确目标，然后依此寻找科学可行的路径，探索务实高效的方法。《论语》曰：“君子务本，本立而道生。”清代张伯行《学规类编·卷十一》亦云：“存养即所以立本，穷理即所以达道。”

执固运通——“固”指事物的原则性、刚性；“通”指事物的灵活性、柔性。谓管理上既要固守信念、遵循常规、坚持原则，又要与时俱进、审时度势、灵活运行，做到刚柔并济、宽严结合，从而达到“和”与“信”的境界。语出《管子》：“圆者运，运者通，通则和。方者执，执者固，固则信。”

“立本生道，执固运通”的管理理念是对我校管理活动的科学抽象，是对管理规律的总结和概括。它是校本的，即学校自主管理，校长和学校拥有更多的决策、指挥和发展权，在核心理念指导下体现出权力下移、广泛参与、民主治校的管理机制；它是人本的，即把人置于教育和管理的中心，教师和学生是管理的出发点，也是归宿；它是个性的，即以阳光文化的理念，追求管理规律、管理风格的和谐统一；它是开放的，即学校畅通沟通渠道，快捷信息传递，相互启迪思维，求异求新，从而不断为学校管理注入新的活力。

【服务理念】

情似春晖，行如重光。

阐释：

情似春晖——春晖比喻母爱。唐代孟郊《游子吟》有云：“谁言寸草心，报得三春晖。”领导对待下属、老师对待学生等要像对待亲人一样满怀感情，要无私付出、精心呵护、不求回报、懂得宽容与理解。如此，我们方能赢得服务对象的满意，赢得社会赞誉。

行如重光——重（chóng）光原指日月之光，在此形容形式多样、七彩各异。学校教育呈现多类型、多层次的样态，生源的复杂性程度也很高，这就必然要求我们以全方位服务的心态，建立多样化的服务网络，设计多样化的课程，实施多样化的教育服务。如此，我们方能满足不同对象个性化的教育预期。

【教师誓词】

我是杭州旅游职业学校教师，

我从事着太阳底下最光辉的事业，

我承载着服务社会最神圣的使命。

我庄严宣誓：

晖光日新，秉大道之志；

精义厚能，养大善之行。

弘扬万物生长、美美与共的学校精神，

恪守情似春晖，行如重光的服务理念。

我宣誓：

学做相生，精修教育技艺；

情智相融，增益教育素养；

德业相成，追崇教育精神。

努力培养文质俱美、知行兼优的阳光学子，

努力建设生态和融、品牌卓越的阳光学校。

我宣誓：

我将尽终身职责履行承诺，

我将无愧于旅职教师的光荣称号！

宣誓人__________

【学生誓词】

走进杭州旅职，我风华正茂，

学在杭州旅职，我青春飞扬。

我宣誓：

晖光日新，秉大道之志；

精义厚能，养大善之行。

文质俱美，努力进德成人；

知行兼优，努力修业成才。

铭记长辈养育之恩，我必图报，

感念老师期盼之心，我必图强。

我宣誓：

我要用勤奋和执著追梦理想，

我要用理想的阳光把人生照亮！

宣誓人__________

【学校宣言】

西子钱塘，吾校煌煌。经纬方圆，万物生长。

精义厚能，诚训诚纲。立本生道，如圭如璋。

知行兼优，学子本望；文质俱美，青春轩昂。

琢石砺金，唯师担当。情智德业，积厚流光。

品牌卓越，佳音高亢；生态和融，前景康庄。

晖光日新，乾乾图强。勉尔含弘，永世泱泱。

公元二〇一五年九月

图书在版编目（CIP）数据

办学理念策划十讲 / 沈曙虹著 . —上海：华东师范大学出版社，2019
ISBN 978 - 7 - 5675 - 9141 - 7

Ⅰ . ①办 ... Ⅱ . ①沈 ... Ⅲ . ①中小学—学校管理—研究 Ⅳ . ① G637

中国版本图书馆 CIP 数据核字（2019）第 083748 号

大夏书系 · 学校领导力

办学理念策划十讲

著　　者　沈曙虹
策划编辑　李永梅　林茶居
审读编辑　万丽丽
封面设计　奇文云海 · 设计顾问

出版发行　华东师范大学出版社
社　　址　上海市中山北路 3663 号　邮编　200062
网　　址　www.ecnupress.com.cn
电　　话　021 - 60821666　行政传真　021 - 62572105
客服电话　021 - 62865537
邮购电话　021 - 62869887　地址　上海市中山北路 3663 号华东师范大学校内先锋路口
网　　店　http：//hdsdcbs.tmall.com

印 刷 者　北京密兴印刷有限公司
开　　本　700 × 1000　16 开
插　　页　1
印　　张　12.5
字　　数　156 千字
版　　次　2019 年 7 月第一版
印　　次　2022 年1月第五次
印　　数　12 101-14 100
书　　号　ISBN 978 - 7 - 5675 - 9141 - 7
定　　价　42.00 元

出 版 人　王　焰